Franz Bätz • Heilige Berge, Tempelstädte und Asketen

Die Tempel auf dem heiligen Berg Shantrunjaya, indischer Bundesstaat Gujarat

Franz Bätz

Heilige Berge, Tempelstädte und Asketen

Der Jainismus – eine lebendige Kultur Indiens

Weishaupt Verlag

Der Tempel von Ranakpur in den Aravali-Bergen, indischer Bundesstaat Rajasthan

Schutzumschlag-Vorderseite:
Blick zum Hauptportal des Tempels Drinasha bei Ranakpur.

ISBN 3-7059-0049-8
1. Auflage 1997
© Copyright by Herbert Weishaupt Verlag, A-8342 Gnas,
Tel: 03151–8487, Fax: 03151–2024.
Sämtliche Rechte der Verbreitung – in jeglicher Form und Technik –
sind vorbehalten.
Druck: Theiss, A-9400 Wolfsberg.
Printed in Austria.

Inhalt

I. Einleitung 7
   Die drei indischen Religionen 9
      Der Hinduismus 10
      Der Buddhismus 11
      Der Jainismus 11
   Verbreitung des Jainismus 12
   Die Tempel der Jainas 13
   Die Kultbilder der Jainas 19

II. Die Historie der Jainas 22
   Die Tirthamkaras 27
   Rishabha und seine Nachfolger 28
   Parshvanatha 32
   Mahavira 36
   Geschichtlicher Abriß des Jainismus 41
      Der Jainismus in Gujarat 43
      Der Jainismus im Süden 45
      Der Jainismus unter islamischer Herrschaft 46
      Reformbewegungen 48

III. Shravana Belgola — Sitz der Digambaras 51
   Luftgekleidete und Weißgekleidete 53
      Kaiser Candragupta 53
      Kaiser Ashoka 54
      Das große Schisma 57
   Der heilige Berg Vindhyagiri 58
      Bahubali und Bharata 58
      Die Tempel des Vindhyagiri 61
      Das Geheimnis der Statue 63
   Der heilige Berg Candragiri 68

IV. Der Gemeinsame Berg	72
Parasnath	73
Der geheimnisvolle Sametashikhara	76
Parikrama	79

V. Mahavira und Buddha	89

VI. Gujarat und Rajasthan	100
Ranakpur	101
Abu	111
Girnar	116
Shantrunjaya	121

VII. Die Gestalt der Welt und ihre Individuen — Praxis und Symbolik der Jainas	130
Die Mittelwelt	130
Das Universum	132
Die Grundwahrheiten	134
Die Grundsätze der Jaina-Philosophie	136
Ethik und Lebenseinstellung der Jainas	138
Askese	143
Mantras	144
Symbolik	145
Die Erde bleibt eine Scheibe	149

VIII. Schluß	154

Nachbemerkungen	158

Anhang	161
Die Tirthamkaras und ihre Symbole	161
Reisetips	162
Glossar mit Register	170
Literaturverzeichnis	174
Danksagung	176

I. Einleitung

Als der Buddha im 6. Jahrhundert vor Christi im Lande Magadha, dem heutigen indischen Bundesstaat Bihar, seine Lehre von den Vier Erhabenen Wahrheiten verkündete, da gab es dort bereits eine kleine Religionsgemeinschaft, die, genau wie Buddha und seine Anhänger, das Opferwesen der Brahmanen-Priester ablehnte und auch die Autorität der Veden leugnete. Das Rückgrat dieser Gemeinde bildete ein Asketenorden, den ein Mann namens Keshi anführte.

Den Überlieferungen zufolge soll er der fünfte Nachfolger eines spirituellen Meisters mit Namen Parshvanatha gewesen sein, von dem angenommen wird, daß er zweieinhalb Jahrhunderte vorher in Magadha die Moralordnung des Ordens begründet hatte und im Alter von 100 Jahren auf dem heiligen Berg Sametashikhara ins Nirvana eingegangen war. Doch die von ihm erlassenen Vorschriften wurden schon lange nicht mehr fest eingehalten, anstelle seiner Keuschheitsgelübde hatten freiere Auffassungen vom Mönchsleben Platz gegriffen, und auch Keshi war außerstande, diesen stetigen Verfall der asketischen Ordnung entgegenzuwirken. Allmählich wurde deutlich, daß der Orden seiner ursprünglichen Rolle als Hüter des spirituellen Erbes von Parshvanatha nicht mehr gerecht werden konnte und die Gemeinde so in eine tiefe Krise geriet.

Die Zeit hätte ihren Mantel über diese kleine religiöse Gemeinschaft gedeckt, und wir wüßten heute nichts von ihr, hätte damals nicht ein Mann von überragenden geistigen Fähigkeiten mit großem Eifer die Lehre und Moralordnung des Parshvanatha von Grund auf reformiert. Sein bürgerlicher Name war Vardhamana, sein Ehrenname Mahavira. Er war von adliger Abstammung und einst dazu ausersehen gewesen, die Thronfolge in Vaishali anzutreten.

Mit dreißig Jahren jedoch hatte er den Hof verlassen, um als Bettelmönch durchs Land zu ziehen. Hierin ähnelt sein Lebensweg dem des Buddha, aber im Gegensatz zu ihm pflegte Mahavira eine asketische Lebensführung, war außerordentlich hart mit sich selbst und errang höchste Selbstbeherrschung. Buddha hatte das Asketentum wieder aufgegeben und sich der Meditation zugewandt. Bei Uruvela, südlich der heutigen Stadt Patna, erlangte er unter einem Feigenbaum die Erleuchtung. Doch auf seinem eigenen Weg, der strengen Askese, fand auch Mahavira die höchste geistige Vollendung. Aus seiner Reformbewegung ging schließlich eine der drei großen indischen Religionen hervor, der Jainismus.

Tempel auf dem heiligen Berg Shantrunjaya

Die drei indischen Religionen

Hinduismus – Buddhismus – Jainismus

Der Hinduismus

Zu Zeiten Mahaviras und Buddhas existierte noch nicht das hinduistische System, so wie es heute in Indien verbreitet ist. Es gab damals den Brahmanismus, der auf der Praxis des Opferns an die Götter basierte, aber auch eine Mystik begann sich allmählich zu entwickeln. Im Grunde ist das, was man als „Hinduismus" bezeichnet, eine Gruppierung verschiedener religiöser Kultformen und Philosophien, die über Jahrhunderte und Jahrtausende hinweg in Indien nach und nach entstanden sind, wie etwa der Shivaismus, dessen Wurzeln mit großer Wahrscheinlichkeit bis in die Zeit der Indus-Zivilisation, 3000 v. Chr., zurückreichen, oder die Krishna-Bewegung, die erst vor rund 500 Jahren aufkam, oder die Philosophie des Shankara, der in der zweiten Hälfte des achten und zu Beginn des neunten Jahrhunderts wirkte. Das, was ein System als hinduistisch ausweist, ist der Glaube an eine Absolute Wahrheit, d. h. an eine kosmische Seele, welche die Welt emaniert. Daraus ergibt sich natürlich die Konsequenz, daß individuelle Seele (das Atman) und universelle Seele (das Brahman) nicht verschieden sein können („Atman im Innersten des Herzens ist das Brahman") und daß ferner Materie im Grunde auch nur spirituelle Energie darstellt. Problematisch ist nur, daß mit der Emanation des Kosmos noch eine illusionierende Energie ausgeht (Maya genannt), die bewirkt, daß die Seele in der materiellen Welt die Absolute Wahrheit vergißt. In den einzelnen hinduistischen Systemen haben sich nun bezüglich der Absoluten Wahrheit mitunter sehr verschiedene Ansichten ausgeprägt. Shankara beispielsweise betrachtet Atman-Brahman als unpersönlich. Die Krishna-Bewegung dagegen, die Caitanya (1486 bis 1534) in Bengalen ins Leben rief, ist der Anschauung, daß dem unpersönlichen Atman-Brahman-Aspekt ein persönlicher Aspekt (nämlich Krishna, die höchste Gottespersönlichkeit) übergeordnet ist, „so wie der Sonnenschein vom Sonnenplaneten ausgeht". Höchstes Ziel einer jeden hinduistischen Praxis ist es aber, die Maya, welche eine Welt der Vielheit und Unterschiedlichkeit erscheinen läßt, zu überwinden und dadurch die illusionäre Opposition von individueller Seele und höchstem Prinzip aufzuheben, wodurch auch der leidvolle Kreislauf von Geburt und Tod endet.

Der Buddhismus

Der Buddhismus hat eine ganz andere Sichtweise entwickelt. Seine philosophischen Lehrsätze gehen davon aus, daß die Welt ohne universellen Wesenskern ist und lediglich auf dem Gesetz des Entstehens in Abhängigkeit, d. h. dem Prinzip von Ursache und Wirkung, beruht, weshalb auch sämtliche Phänomene unbeständig sind. Alle leidvollen Lebenserfahrungen ergeben sich aus einem Wandel in Unkenntnis eben dieser Zusammenhänge. Die Individuen streben stets danach, Leid zu vermeiden und beständiges Glück zu erlangen, bringen aber durch ihr Handeln am Ende nur noch mehr Leid hervor und verstricken sich weiter in den Daseinskreislauf. Denn jede Tat, ob durch Körper, Rede oder im Denken ausgeführt, hinterläßt, gemäß dem Prinzip von Ursache und Wirkung, Spuren auf dem subtilsten Bewußtsein, die abgebaut werden müssen, und wofür eine neue Existenz erforderlich ist. So ist die Unwissenheit der Motor des leidvollen Kreislaufs von Geburt und Tod. Anliegen des Buddhismus ist es deshalb, diesen latenten Mechanismus von Geburt und Tod offenzulegen und durch eine Praxis, die auf eine ethische Lebensführung und Meditation beruht, die Individuen vom Leid eines zwangsweise und unkontrolliert zustandekommenden Geburtenkreislaufs zu befreien.

Der Jainismus

Die Anhänger des Jainismus, die Jainas, betrachten das Universum als unerschaffen und auf ewig unvergänglich — kein Gott regiert die Welt oder kann sie jemals zerstören. In der Welt gibt es zwei Gruppen von Entitäten, Jiva (die Seelen) und Ajiva (das Ungeistige). Zwischen beiden Entitäten besteht eine feine, latente Wechselwirkung. Denn auf Grund der Betätigung des Individuums durch Körper, Rede und Denken kommt es, daß ständig Ungeistiges in die Seele einströmt, dort umgesetzt, gebunden oder auch wieder ausgestoßen wird. Das Binden von Ungeistigem in der Seele, was vor allem mangelhafte Tugenden bewirken, führt dazu, daß die Seele in ihrer Erkenntnisfähigkeit gehemmt wird und schlechte Triebe hervortreten, und ist letztendlich die Ursache des Kreislaufs von Geburt und Tod mit all seinen Leidensformen. Die Lehre des Jainismus hat nun zum Ziel, den Menschen über diese Zusammenhänge bis ins Detail aufzuklären und ihn so zu einem ethischen Lebenswandel zu veranlassen, der ein weiteres Vermischen von Seele mit Ungeistigem unterbindet. Über viele Existenzen wird dann das Ungeistige, das einmal durch Frevel in der Seele gebunden wurde, abgebaut, bis schließlich die Befreiung von Geburt und Tod erreicht ist und die Seele ihre natürlichen Qualitäten wiedererlangt. Demjenigen aber, der sich bereits umfassende Kenntnis in der jainistischen Lehre angeeignet hat und sich durch Vorbildlichkeit in seiner ethischen Lebensweise auszeichnet, steht die Praxis der Askese zur Verfügung, die dazu geeignet ist, in der Seele gebundenes Ajiva direkt zu zerstören, und so ein schnelleres Vorankommen auf dem Pfad der Erlösung ermöglicht.

Verbreitung des Jainismus

Wie der Buddhismus nahm der Jainismus von Nord-Indien seinen Ausgang. Hier war bereits Parshvanatha, der die Grundlagen der Jaina-Lehre legte, erschienen, und auch Mahavira, ein Zeitgenosse Buddhas, hatte in Nord-Indien gepredigt und der asketischen Ordnung der Jainas schließlich eine feste Form verliehen. Nach einer Zeit außerordentlicher Blüte im Staate Magadha, die zu einem nicht geringen Teil auf die großzügige Unterstützung der Jaina-Gemeinde durch das Königshaus zurückzuführen war, verlegte sich das Zentrum dieser Lehre ein Stück nach Westen in das Gebiet um die Stadt Mathura, und in Süd-Indien, nahe dem heutigen Bangalore, entstand in den letzten beiden vorchristlichen Jahrhunderten ein zweites Zentrum der Jainas. Zwischen dem 5. und 12. Jahrhundert verbreitete sich der Jainismus dann über den gesamten indischen Süden und Westen und beherrschte sogar in einigen Landstrichen über Jahrhunderte alles kulturelle Leben und das religiöse Denken der Menschen. Eine vornehmliche Rolle spielte (und spielt) der Jainismus in den Regionen der indischen Bundesstaaten Gujarat und Rajasthan. Unter dem König Kharavela der Cedi-Dynastie erblühte der Jainismus im 2. Jahrhundert v. Chr. auch im Reich Kalinga an der indischen Ostküste, dem heutigen Orissa. Noch der chinesische Reisende Hsüan-tsang nennt im 7. Jahrhundert diese Gegend einen Hauptsitz der Jaina-Lehre. Durch den wiedererstarkenden Hinduismus und vor allem durch die ab dem 12. Jahrhundert siegreich vordringenden Moslems büßten die Jainas ihre Vorrangstellung in manchen Gebieten Indiens ein. Der Buddhismus verschwand in den Wirren der moslemischen Eroberungen ganz aus Indien, breitete sich jedoch über die Weiten Asiens aus und wurde schließlich zur Weltreligion. Die Jainas konnten ihre Kultur durch die moslemische Herrschaft hindurch bis in die Gegenwart bewahren und besitzen auf Grund ihrer Bildung, ihrer sozialen Stellung und ihres Wohlstands einen nicht unbeträchtlichen Einfluß im heutigen Indien. Über die Grenzen Indiens hinaus hat sich der Jainismus aber nie verbreitet.

Die jainistische Religion zählt heute etwa 3 Millionen Gläubige, die über ganz Indien verstreut leben. Tempel und Gemeinden der Jainas finden sich in beinahe allen der größeren indischen Städte. Die Hauptverbreitungsgebiete des Jainismus sind aber noch immer die Staaten Gujarat und Rajasthan und die südliche Region des Staates Karnataka (Hauptstadt Bangalore). Und als heiliges Land gilt allen Jainas der Staat Bihar, das alte Magadha, wo einst Parshvanatha und Mahavira aufgetreten sind. Hier befinden sich auch die meisten heiligen Stätten, die mit den Hauptereignissen im Leben und Wirken der Verkünder des Jainismus in Verbindung stehen.

Die Tempel der Jainas

Die frühesten auf uns gekommenen Sakralbauten der Jainas sind gewaltige Höhlen- und Felsentempel. Sie bestehen meist aus mehreren unterschiedlich großen Hallen, Vorhöfen und Zellen, sind reich mit Säulen, Skulpturen, Reliefs und zuweilen auch mit Fresken geschmückt und dienten als Unterkünfte und Kultstätten für Mönche.

Die Tradition, Felsen auszuhöhlen und sie sakralen Zwecken dienstbar zu machen, begann in Indien vermutlich zur Zeit des Kaisers Ashoka (268 v. Chr. inthronisiert). Im 12. und 19. Jahr seiner Herrschaft ließ er nördlich von Bodhgaya in einen Fels namens Barabar Höhlen graben, in denen dann buddhistische Mönche meditierten. Sehr bald wurde es auch bei den Jainas üblich, in Felsen Andachtsstätten zu errichten. Die wohl älteste dieser sakralen Höhlenanlagen befindet sich in Udayagiri in Orissa, dem alten Kalinga an der indischen Ostküste, und wird dem Cedi-Herrscher Kharavela (2. Jahrhundert v. Chr.) zugeschrieben, der als ein großer Förderer des Jainismus gilt. Andere Höhlentempel der Jainas entstanden um 650 bei Badami im Norden von Karnataka und während der Pallava-Zeit (5. bis 9. Jahrhundert) in Sittanavashal nahe der Stadt Pudukottai im südindischen Staat Tamil Nadu. Ganz besonders bemerkenswert – einmal wegen seiner wunderbaren Felsenbaukunst und zum anderen als Dokument religiöser Toleranz – ist der Ort Elura, Distrikt Aurangabad des Staates Maharashtra. Hier entstanden in unmittelbarer Nachbarschaft Andachtsstätten der drei indischen Religionen Hinduismus, Buddhismus und Jainismus. Sehr beeindruckend in Elura ist der hinduistische Tempel Kailashanatha, wörtlich „Herr des Kailash". Der Name bezieht sich auf Shiva, der seinen Wohnsitz auf jenem Berg in West-Tibet hat. Das Bauwerk ist 29 Meter hoch und wurde von der Spitze bis zur Basis aus dem Fels geschlagen. Die Jaina-Heiligtümer von Elura stammen aus dem 9. bis 10. Jahrhundert. Da auch den Jainas der Kailash als heilig gilt, haben sie, wie die Hindus, in Elura einen auf diesen heiligen Berg sich beziehenden Monolithtempel geschaffen, der etwas kleiner, aber deshalb nicht weniger beeindruckend als sein hinduistisches Vorbild ist. Außer diesem Tempel gibt es in Elura noch vier Grottentempel der Jainas.

Die Höhlen- und Felsentempel haben heute für die Jaina-Gemeinden ihre Bedeutung als Andachtsstätten verloren.

Die Tatsache, daß nirgends freistehende Tempelbauten des Jainismus aus der Zeit vor Christi Geburt zu finden sind, läßt die Vermutung zu, daß die Jainas, wie die Anhänger der beiden anderen indischen Religionen, früher ausschließlich Holz als Baumaterial benutzt haben, welches selbstverständlich dem Klima in Indien nicht auf Dauer Widerstand leisten kann. Vielleicht ist sogar die den Sakralbauten der Jainas eigene Steinmetzkunst an Säulen, Fassaden und Bögen, die auf den Beschauer so unglaublich virtuos und filigran wirkt, eine Nachahmung alter Holzschnitztechniken in Stein.

Die Gestalt der Jaina-Tempel ist von großer Mannigfaltigkeit. Ein Typ der jainistischen Kultbauten ist der dreifache, von Kuppeln überdachte Tempel. Hinter dem mittleren Kuppelsaal liegt die Kapelle mit der Hauptstatue des Heiligtums. Unter den Seitenkuppeln befinden sich Schreine oder weitere Statuen. Dem Ganzen ist ein gepflasterter Hof mit Begrenzungsmauer vorgelagert. Ein besonders beeindruckender Tempel diesen Typs läßt sich auf dem heiligen Berg Girnar in Gujarat bewundern. Oft tritt auch an Stelle des Hofs eine Eingangshalle mit Gebetsräumen, Lauben oder kleineren Tempelsälen an den Längsseiten. Ein sehr schönes Beispiel dieser speziellen Tempelart steht an der Kreuzung am Anfang des Boulevards Candi Chouk in Delhi.

Größere Tempel bestehen auch aus einer runden Marmorhalle, von einer Kuppel überdacht, und einem sich daran anschließenden spitzen, turmartigen Bau, der die Hauptkapelle mit den Statuen enthält. Diese Tempel erheben sich zumeist in der Mitte von quadratischen Plätzen, die von Laubengängen mit vielen (in der Regel findet man eine magische Zahl wie 84 oder 108) Kapellen umschlossen werden.

Eine andere Art der jainistischen Kultbauten ist der Tempel mit vier Toren, von denen jedes in eine Himmelsrichtung zeigt und zu einer Kapelle mit Statuen führt. Auch diese Tempel sind meist noch von Lauben umgeben.

Der Tempel bei Ranakpur

Besonders schöne Tempel der letzten beiden Typen findet man auf dem heiligen Berg Shantrunjaya in Gujarat. Ein wegen seiner Dimension und Steinmetzkunst beeindruckender viertoriger Tempel, der noch ausführlich beschrieben wird, erhebt sich in der Aravali-Kette in Rajasthan bei Ranakpur.

Die Tempel im Süden Indiens unterscheiden sich in ihrer speziellen Bauart deutlich von denen im Norden. Vor allem die Ganga-Dynastie (6. bis 11. Jahrhundert) und die ersten Monarchen der Hoysala-Dynastie (ab dem 11. Jahrhundert) haben im Süden beeindruckende Jaina-Tempel hinterlassen. Die älteren ihrer Bauwerke gliedern sich meist in eine offene Vorhalle, eine geschlossene Säulenhalle mit quadratischem Grundriß und in ein von einer spitzen Turmhaube überdachtes Sanktuarium mit den Statuen. Die späteren Bauwerke der Hoysalas weisen eine sehr feine Fassadengestaltung auf und haben in der Regel einen sternförmigen Grundriß. In Süd-Indien, in der Stadt Mudbidri des Staates Karnataka, begegnet man noch einem ganz anderen Jaina-Tempelstil, an dem auch die alte Holzarchitektur noch deutlich hervortritt und der mit seinen doppelten und dreifachen Dächern ein wenig an nepalesische Sakralbauten erinnert.

Kleine Jaina-Tempel und Schreine bestehen zumeist aus nur einem einzigen Kapellenraum, durch ein Gitter verschlossen und von einer Kuppel oder, häufiger, von einer spitzen Turmhaube überdacht. Tempel dieser Art kann man bei allen Religionen Indiens finden. Manche der im üblichen indischen Shikhara-Stil gehaltenen Jaina-Tempel unterscheiden sich äußerlich überhaupt nicht von Hindu-Tempeln, wie beispielsweise das Hauptheiligtum auf dem Berg Sametashikhara.

In der Zeit der moslemischen Eroberung wurde es bei den Jainas auch üblich, Kultstätten im Stil von Moscheen anzulegen, um sie so vor dem Fanatismus der Moslime zu schützen (vgl. Abb. auf S. 99).

Ein selten anzutreffender Tempeltyp, der sehr alt zu sein scheint, ist vermutlich aus dem Stil des Gemeindehauses hervorgegangen. Äußerlich gleichen diese Bauwerke den Häusern wohlhabender Inder in vergangener Zeit. Ein sehr bemerkenswerter Tempel solchen Typs liegt inmitten des Gassendschungels der Altstadt von Delhi verborgen. Der Bau ist zweistöckig und birgt eine Vielzahl erstaunlicher Details. So befinden sich beispielsweise in der linken Wand (vom Eingang gesehen) des Saals im ersten Stockwerk fünf Kapellen; die mittlere, die von einem Gitter verschlossen ist, enthält wundervolle, aus Bergkristall geschliffene Statuetten. Der obere Saal ist wie eine Empore angelegt, von der man in das erste Stockwerk hinabblicken kann. Innerhalb der Kuppel eines kleinen Kapellenraums hier oben erkennt man verblaßte Fresken, die, wie man mir versicherte — und ich sehe keinen Grund, daran zu zweifeln —, 1500 Jahre alt sein und noch aus der Zeit der Gründung des Tempels stammen sollen. Damit würden sie zu den ältesten Fresken des Jainismus überhaupt gehören.

Auf der Anhöhe des Sonagir bei der Stadt Datia im Norden des Staates Madhya Pradesh liegt ein ganz ungewöhnliches Jaina-Heiligtum; es ist eine kleine Tempelstadt aus über 100 schlichten, weiß getünchten Backsteinbauten, die ab dem 17. Jahrhundert entstanden.

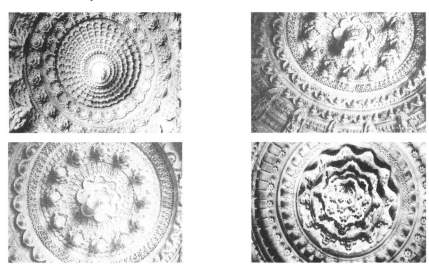

Deckenornamente in den Tempeln von Dilvara (Berg Abu)

Die Kuppeln der großen Tempelhallen der Jainas sind innen entweder farbig ausgemalt oder durch Marmorzierate baldachinförmig gestaltet. Die feinen Details dieser Arbeiten versetzen einen oftmals in höchstes Erstaunen. An den Innenwänden der Tempel trifft man manchmal auf farbige, mit Glasplatten bedeckte Reliefs, die kosmologische Symbole, den schematischen Aufbau von berühmten Tempelanlagen oder Szenen aus der Geschichte der Jainas zeigen. Überhaupt sind die Techniken, denen man sich bei der Wandgestaltung bedient, mitunter recht eigenartig — Fresko mit Mosaik kombiniert, dazwischen dekorativ eingesetzte Spiegelstücke, von spitzbogigen Kapellennischen unterbrochen. Diese Gestaltungsarten sind jedoch in der Regel jüngeren Datums.

Die ältesten Jaina-Fresken finden sich in einer jener Höhlen von Udayagiri in Orissa. Sehr alte Fresken (vermutlich aus dem 7. Jhdt.) wurden auch in dem erwähnten Höhlentempel von Sittanavashal in Süd-Indien aufgefunden.

Vor vielen Jaina-Tempeln erhebt sich eine aus einem gewaltigen Monolith gearbeitete Säule, Manastambha genannt, oft reich verziert und von einer kleinen Kapelle mit Statue gekrönt.

In früheren Zeiten war bei den Jainas auch der Stupa als Kultbau üblich. In Mathura fand man einen Jaina-Stupa auf einer Reliefplatte abgebildet, die vermutlich aus dem 1. Jahrhundert stammt und das älteste bekannte Beispiel dieses jainistischen Kultsymbols darstellt. Drei monumentale Jaina-Stupas, die in Kuppelräumen installiert sind, kann man auf dem heiligen Berg Girnar besichtigen. Aus unerklärlichen Gründen kam der Stupa bei den Jainas etwa ab dem 13. Jahrhundert außer Mode.

Eine Kapelle des Tirthamkara Parshvanatha auf Shantrunjaya

Tempel auf dem heiligen Berg Candragiri mit einer Manastambha genannten Säule

Die Kultbilder der Jainas

Oberflächlich betrachtet, besitzen die Statuen, welche die Verkünder des Jainismus darstellen — die sogenannten Tirthamkaras — Ähnlichkeiten mit den Figuren des meditierenden Buddhas. Tirthamkaras wie Buddhas verweilen im Meditationssitz mit gekreuzten Beinen, ihre Ohren sind von dem Goldschmuck, den sie einst als Prinzen getragen haben, langgezogen, ihr Haar ist gelockt, und ihre Scheitel ist dachartig erhöht. Ein unscheinbares, aber typisches Unterscheidungsmerkmal zwischen einem Tirthamkara und einem meditierenden Buddha (in der Mahayana-Tradition Amitabha) ist die Position der im Schoß ruhenden Hände: bei dem ersten sind die Daumen an die Handflächen angelegt, bei dem zweiten dagegen erhoben und zeigen gegeneinander oder bilden ein Dreieck. Ein Buddha trägt außerdem ein Mönchsgewand, das die rechte Schulter freiläßt, der Tirthamkara aber wird vollständig nackt dargestellt. Ein Tirthamkara zeigt stets die beschriebene Meditationsgeste, bei Buddhas gibt es jedoch noch weitere Gesten, wie die der Erdberührung (das ist die populärste Darstellungsweise) oder die Geste des Raddrehens. Gelegentlich erscheint ein Tirthamkara auch in aufrecht stehender Haltung.

Buddha-Statuetten

Statuette eines Tirthamkara

Die Jainas glauben, daß das Herstellen heiliger Statuen aus ihrer Tradition komme und später von Buddhisten wie von Hindus nachgeahmt worden sei. Archäologisch konnte dies bislang nicht bewiesen werden; die ältesten Tirthamkara-Darstellungen stammen aus dem 1. Jahrhundert und wurden in Mathura gefunden, sie reichen also in ihrem Alter kaum über die ältesten uns bekannten Buddha-Figuren, die in Gandhara und ebenfalls in Mathura zu Tage gefördert wurden, hinaus.

Die großen Statuen der Tirthamkaras werden meist aus Stein gefertigt, mit Vorliebe verwendet man dabei hellen, braunen oder schwarzen Marmor, sel-

Figuren der Tirthamkaras

tener Granit oder anderes Gestein. Zuweilen überzieht man die Statuen auch mit Gold, oder man gießt sie vollständig in Silber. Eine Eigenart ist, daß manche große Statuen aus vier Metallen hergestellt werden: Gold, Silber, Kupfer und Messing. Kleinere Statuen werden bei den Jainas, wie bei den Buddhisten, in Bronze gegossen. Sehr beliebt sind auch Tirthamkara-Statuetten aus Messing-Vollguß, die man in Geschäften nahe der Tempel kaufen kann; sie finden im Hausgebrauch Verwendung oder werden von den Gläubigen in Kultstätten als Votivgaben gereicht.

Für die Proportionen der Tirthamkara-Statue und die Beschaffenheit einzelner Körperteile gibt es minutiöse Vorschriften, die z. T. schon im kanonischen Schriftwerk enthalten sind; der Künstler hat sich bei der Anfertigung einer Statue genau an diese Anweisungen zu halten. Sind nun die Arbeiten an der Statue abgeschlossen, so wird sie von einem Priester geweiht. Dies geschieht zu einem astrologisch günstigen Zeitpunkt. Der Priester spricht dann heilige Formeln und öffnet schließlich mit einem goldenen Stab, der in ein silbernes Gefäß mit Ghi, Honig, Zucker und Mehl getaucht worden ist, der Statue rituell die Augen. Im Anschluß daran rezitiert er weitere Mantras. Manche ganz besonders heilige und berühmte Statuen der Tirthamkaras sollen auch auf übernatürliche Weise von selbst entstanden sein.

Tirthamkaras erscheinen außerdem auf Gemälden, die Tempel und Häuser schmücken, auf Miniaturen, in Illustrationen von Handschriften, auf Reliefs, in Fresken, Mosaiken oder in anderen Bildwerken. Dabei werden sie einmal als meditierende Yogis dargestellt, oder aber es werden wichtige Stationen aus ihrem Leben gezeigt. Auch andere kanonische Geschichten der Jainas oder Heilige ihrer Tradition finden bildliche Darstellung.

Cakreshvari, eine der Weisheitsgöttinnen. Deckenrelief in einem der Tempel von Dilvara (Berg Abu)

Neben den Tirthamkaras ist auch ein Zyklus von sechzehn Weisheitsgöttinnen anzutreffen; sie schmücken hier und da die Kuppeln, Decken und Wände von Tempeln. Besonders bezaubernde und virtuos gearbeitete Halbreliefs von Weisheitsgöttinnen gibt es in den Tempeln von Dilvara auf dem heiligen Berg Abu in Rajasthan. Außerdem werden die Tirthamkaras begleitende Yakshas und Yakshinis und aus der hinduistischen Mythologie übernommene Figuren dargestellt, wie der Affengott Hanuman, der mythische Vogel Garuda oder Ganesha, der den Hindus als Sohn des Shiva gilt. Auch Mütter von Tirthamkaras sind gelegentlich in Tempeln abgebildet. In Shravana Belgola in Süd-Indien befindet sich ein kolossales Standbild des Jaina-Heiligen Bahubali aus dem Jahre 980, nach dessen Vorbild später im Süden noch weitere freistehende Statuen dieses Heiligen angefertigt wurden.

Im heutigen Indien ist die festgefügte Gemeinschaft der Jainas wie eine große Familie, die sich einer langen und ganz eigenständigen Tradition sehr bewußt ist. Ihre geschichtliche Entwicklung, ihre Lebensideale, ihre wichtigsten Heiligtümer — die zumeist auf Bergen liegen und von denen manche über die Jahrhunderte zu wahren Tempelstädten angewachsen sind — sowie die Grundelemente der Metaphysik und Kosmologie ihrer Lehre sollen hier besprochen werden. Persönliche Reiseimpressionen bilden dabei den roten Faden.

II. Die Historie der Jainas

Jaipur, Metropole Rajasthans, Ende November. Ein Sonntag. Der Verkehr im Railway-Station-Marg ist nicht ganz so dicht, wie das an den Wochentagen der Fall war. Heute, scheint es, machen die Rikscha-Fahrer ihr Geschäft. Ich habe an einem Imbißstand ein Glas Milchtee bestellt. „Drei Rupien, Sir", sagt der Junge, während er mit einer Zeitung die Holzkohlestückchen in einem Kohlebecken in Glut fächert. Nebenan bedienen zwei dunkelhäutige Männer in ruckendem Rhythmus die Handkurbel einer Zuckerrohrpresse. Es ist heiß, der Himmel vollständig wolkenlos. Trotzdem tragen viele Passanten Pullover, Jacken, Schals, Mützen, einige haben sich Decken umgelegt. Ich bin nur leicht bekleidet. Wenn ich daran denke, was zu dieser Zeit in Mitteleuropa für ein Wetter herrscht, feucht-kalt, grau ... Doch für den Inder ist das jetzt hier auch die „kalte Jahreszeit". Und während ich im Stehen den Tee schlürfe, werde ich sogar von jemandem gefragt: „You don't feel cold, Sir?"

Ich winke mir eine Rikscha heran. „Richtung Altstadt."

Rund um den Chandpol-Platz am Ende des Boulevards reihen sich die Obststände aneinander. Es gibt frische Ware. Zu Pyramiden aufgetürmte Orangen und Äpfel, Berge von Bananen, Kokosnüsse, Gemüse. Dahinter, vor den Toren der Altstadt, drängt sich der Verkehr zu undurchdringlicher Dichte zusammen. Es hat keinen Zweck mehr mit der Rikscha, ich zahle und steige ab. Aber auch zwischen den Ständen hindurchzukommen, ist nicht so einfach. Schließlich habe ich es doch geschafft. Durch die kleine Pforte neben dem spitzbogigen Haupttor betrete ich das alte Jaipur — und finde mich nun in einer völlig anderen Stadt wieder. Es heißt, daß sich hier baulich seit zwei Jahrhunderten so gut wie nichts verändert hat: das Bild einer indischen Residenz des 18. Jahrhunderts. Ein gemütlicher Bummel aber ist an dem Tag kaum möglich. Aus irgendeinem Grund kommt der Verkehr zum Erliegen. Ohrenbetäubendes Gebimmel, Hupen, Klingeln. Selbst auf dem Bürgersteig wird das Vorwärtskommen schwierig. Wohl sind heute bei vielen Geschäften die eisernen Jalousien heruntergelassen, aber zwischen den Häusern und dem Fahrdamm haben Händler auf Decken, Karren und Tischen in doppelter Reihe ihre Waren ausgebreitet. Ständig bin ich auf der Hut, in dem Gedränge einen Vorteil für mich zu erspähen, um wieder ein paar Meter weiterzukommen.

Einkaufsrausch am Sonntag. Nichts deutet auf das heutige große Ereignis hin, und ich frage mich schon, ob ich mich vielleicht im Datum geirrt habe.

Der Reiz eines nahezu vollständig erhalten gebliebenen alten Stadtkerns, von einer kilometerlangen, zinnengekrönten Mauer mit zahlreichen Toren umgeben, macht Jaipur selbstverständlich zu einem ganz besonderen Touristenmagnet. Das Zentrum der Altstadt bildet ein Observatorium, und sämtlich Basare innerhalb des Mauerwalls sind so angelegt, daß sie exakt im rechten Winkel

Prozession der Jainas in Jaipur

aufeinandertreffen. Name und Stadtplanung von Jaipur gehen auf Jai Singh II (reg. 1699 bis 1744) zurück, der eine große Vorliebe für Astronomie und Geometrie hatte. Wegen der vorherrschenden Fassadenfarbe wird die Altstadt auch „Pink City" genannt. Berühmt ist Jaipur vor allem wegen des Palasts der Winde, neben dem Taj Mahal das beliebteste Postkartenmotiv Indiens.

Ich nähere mich der Kreuzung des Chandpol-Tipolia- und des Kishanpol-Gangauri-Basars. Und jetzt erkenne ich auch die Ursache des Verkehrsstaus: auf der Kreuzung hat sich eine riesige Menschenansammlung gebildet. Fahnen mit Svastikas werden geschwenkt. Fanfaren und Trommeln sind zu hören.

Mit den Ellbogen arbeite ich mich immer weiter in Richtung Kreuzung vor. Die Trommeln werden lauter. Leute stellen sich auf die Fußspitzen, machen lange Hälse, um irgendwie mitzubekommen, was da vorne vor sich geht. Und dann bin ich endlich so weit gekommen, daß ich sehen kann, welche Attraktion es auf der Kreuzung zu bestaunen gibt. Ein Korps von gut zwei Dutzend Trommlern präsentiert eine Schau. Die abgemessenen Schritte der Musikanten und die Art, wie sie ihre Trommeln spielen, sind exakt aufeinander abgestimmt, und hin und wieder schlagen sie — als würden sie miteinander fechten — die Trommelstöcke gegeneinander, dabei Kehrtwendungen von 180 Grad ausführend. Viele der Schaulustigen wippen mit dem Oberkörper im Rhythmus des komplizierten Trommelwirbels.

Aber dann wird meine Aufmerksamkeit in eine andere Richtung gelenkt: Dem Kishanpol-Basar zieht eine unglaubliche Prozession herauf. Musikkapellen. In prunkvolle Kleider gehüllte Menschen, manche Männer von Turbanen mit Pfauenfedern geschmückt. Dazwischen auch Männer in geistlichen Gewändern. Wägen an Wägen. Berittene Elefanten. Und immer wieder Menschen, Menschen. Es ist ein wahrer Triumphzug, wie ihn Europa bestimmt seit der Antike nicht mehr gesehen hat.

Ich werde von einem Mönch angesprochen. Er fragt: „Was tun Sie in Jaipur, Sir?"

„Ich bin hauptsächlich gekommen, um den heiligen Mann zu sehen", sage ich.

Er weist mich darauf hin, daß es sich gehört, barfüßig auf der gleichen Straße mit dem heiligen Muni Shri zu gehen. Erst jetzt fällt mir auf, daß um mich herum kaum jemand Fußbekleidung trägt. Also ziehe auch ich die Sandalen aus und verstaue sie im Jutebeutel. Der Mönch nickt mir zu. Dann ruft er etwas. Bereitwillig macht man mir plötzlich Platz und hilft mir durch das Gedränge. Und dann sehe ich ihn:

Seine Heiligkeit, Muni Shri Sudha Sagar

Splitterfasernackt. In der linken Hand hält er einen Pfauenwedel, der ihm dazu dient, vor sich Kleinstlebewesen wegzufegen, damit er sie nicht versehentlich zertritt.

Er ist einer der heiligsten Männer Indiens. Oberster der Jainas. Der Vertreter von Lord Mahavira.

Auf allen Balkonen, Veranden, an allen Fenstern, auf den Bürgersteigen, überall Menschen. Es herrscht Hochstimmung, und allmählich ergreift eine Ekstase die Menge. Hochrufe. Sprechchöre. Frauen falten entzückt die Hände und verneigen sich vor dem Heiligen. Kokosnüsse werden als Opfergaben dargebracht, die Muni Shri an seine Begleitung weitergibt. Dann reicht man Wassergefäße und Lichterpaletten, die der Heilige segnet und zurückgibt. Nun entsteht beinahe Panik, denn ein jeder möchte einen Spritzer von dem geweihten Wasser abbekommen oder sich die Finger über den Flämmchen der geheiligten Lichterpaletten wärmen.

Muni Shri bleibt stehen. Der Zug kommt ins Stocken. Geistliche versuchen, um den Heiligen eine Absperrung zu schaffen, indem sie sich gegenseitig an den Händen fassen und einen Kreis bilden. Das hilft aber wenig. Immer wieder brechen welche durch und werfen sich vor Muni Shri nieder. Man will sie in die Menge zurückbefördern. Durch eine Geste und ein sanftes Lächeln ordnet der Heilige an, sie ruhig gewähren zu lassen. Schließlich hat sich eine ganze Gruppe vor ihm versammelt, die nun zu tanzen, zu singen und in die Hände zu klatschen beginnt.

Der Mönch von vorhin befindet sich noch immer in meiner Nähe. Er fragt mich, ob auch ich zu dem Heiligen wolle. Ich nicke. Darauf ruft er: „He, laßt doch diesen Mann zu Muni Shri!"

Ich werde nach vorne gestoßen, geschubst. Und plötzlich stehe ich vor ihm. Unsere Blicke begegnen einander. Er lächelt und zeigt sich erstaunt, hier einen Europäer zu sehen. Ich falte die Hände und verneige mich.

„Which country?"

Ich habe den Oberkörper noch immer nach vorne geneigt und weiß deshalb nicht, wer da fragt. Muni Shri oder jemand aus seiner Begleitung?

„Germany", antworte ich.

„Oh ..."

„Holiness, one foto please."

„Allowed."

Hastig packe ich die Kamera aus. Der Verschluß des Objektivs fällt herunter und rollt weg. Protestrufe. Fotoverbot! Doch irgend jemand sagt, daß mir das Fotografieren erlaubt worden sei. Die Leute beruhigen sich wieder. Ich drücke zweimal auf den Auslöser, ohne die Belichtung eingestellt zu haben. Hoffentlich sind mir die Aufnahmen gelungen.

Ich gehe zurück in die Menge. Dann begebe ich mich auf den Bürgersteig, um die Kamera wieder sicher im Jutebeutel zu verstauen. Dabei lasse ich die Prozession ein Stück an mir vorbeidefilieren.

Hinter Seiner Heiligkeit ziehen und schieben etwa ein Dutzend Männer einen prunkvollen Wagen, vor dem zwei auf Rädern rollende Pferdefiguren gespannt sind. Das Gefährt hat die Form eines kleinen Tempels, über und über mit Gold und Juwelen geschmückt. Oben, unter einer zierlichen Haube, die goldstrahlende Statue von Lord Mahavira. Dem Wagen schließt sich ein uniformierter Spielmannszug an. Trommeln, Tuben mit gewaltigen Schalltrichtern, Fanfaren. Zwischen den Musikanten ein Wagen mit Lautsprechern, aus denen heilige Gesänge dröhnen, in die die Blasinstrumente und Trommeln einstimmen. Dahinter schreitet ein berittener Elefant, prächtig bemalt und geschmückt. Ein weiterer Wagen folgt, wieder mit Gold und Juwelen verziert, gezogen von zwei berittenen Elefanten; Männer in Brokatgewändern und mit Turbanen werfen unter Ausrufen heiliger Formeln safrangefärbte Reiskörner vom Wagen auf die Menge herab. Noch ein Lautsprecherwagen. Weiter hinten sieht man erneut berittene Elefanten.

Ich arbeite mich durch das Gedränge wieder nach vorne. Jener Mönch erblickt mich und zieht mich zu sich. Nun gehe ich inmitten der Prozession, zwischen Muni Shri und der goldenen Mahavira-Statue auf dem Tempelwagen. Man faßt mich an den Händen, und ich stimme — unter dem durchdringenden Rhythmus des vorangehenden Trommlerkorps — in den Schritt der Prozession ein.

Der junge Mann, den ich zu meiner Rechten habe, stellt sich mir mit Naveen Jain vor. Er ist bemüht, mir vielerlei Dinge zu erklären — daß Muni Shri, genau wie Lord Mahavira, das Leben eines hauslosen, nackten Asketen führe und sich deshalb nie länger als vier Monate am gleichen Ort aufhalte, und nun sei er nach Jaipur zurückgekommen, ein glücklicher Umstand für die Menschen hier. Manches jedoch, was er mir zu erläutern versucht, kann ich auf Grund des Dröhnens der Trommeln kaum verstehen, und ich gehe deshalb eine Verabredung mit ihm nach der Prozession ein.

Etwa eine Stunde später löst sich Muni Shri aus der Menge und geht mit seinem Gefolge in einen Park rechts der Straße. Dort gibt es einen kleinen Tempel. Davor ist ein großes Zelt aus mit roten und rosafarbigen Tüchern umwickelten Bambusstangen errichtet. Die Prozession mit den Wägen und Elefanten zieht an dem Park vorbei. Doch die meisten Gläubigen von der Straße folgen dem Heiligen.

Alle Sitz- und Stehplätze im Zelt sind bereits belegt. In der Mitte hat man einen schmalen Durchgang mit Absperrseilen geschaffen. Dort schreitet Muni Shri unter dem Jubel der Gläubigen nach vorne, dorthin, wo ein mächtiger Altar aus massivem Silber mit einer goldenen Statue des Mahavira steht. Davor türmen sich Berge von geopferten Kokosnüssen. Auf einem rot gepolsterten Diwan, vor dem vier Mikrofone installiert sind, nimmt nun Muni Shri Platz und beginnt nach einem lang anhaltenden Beifall mit einer Rede.

Die Seitenwände des Zeltes sind nach oben geschlagen, so daß auch die Menschenmenge draußen das Geschehen im Zelt mitverfolgen kann. Muni Shri spricht in Hindi. Leider verstehe ich diese Sprache nicht. Ich spüre aber die Heiterkeit und Wärme in seinen Darlegungen und Ausführungen; immer wieder wird er von herzlichem Lachen und Beifall seiner Gläubigen unterbrochen.

Die Tirthamkaras

Ich nutze die Zeit, während Muni Shri noch spricht, um den Tempel nebenan zu besichtigen, denn dort hält sich jetzt kaum jemand auf, und ich kann mich in Ruhe umsehen. Die Halle hat einen quadratischen Grundriß; umgeben von schönen Lauben; die Form der Marmorsäulen erinnert an Blütenkelche. Bei den Zeremonien — so hat man mir erklärt — ist links der Platz für Frauen, rechts für Männer. Vier Tore führen zum Altarraum. Das ist eine kleine Säulenhalle. Genau in der Mitte der dreiteilige Altar, der die Gestalt des Tempels in Miniatur nachahmt; die Vorderfront verglast. Drei Statuen aus Marmor sind auf den Altarsockeln installiert, in Yogaposition, mit gekreuzten Beinen, die Hände im Schoß ruhend. Sie stellen Shantinatha, Rishabha und Kunthunatha dar. Davor reihen sich kleinere Statuen aneinander, die meisten aus schwarzem Gestein gefertigt. Die auffälligste dieser kleinen Figuren zeigt den von einer Haube aus Schlangenköpfen gekrönten Parshvanatha. Von ihm wird gleich noch die Rede sein.

In der Tradition der Jainas zählt man insgesamt 24 Tirthamkaras, wörtlich „Furtbereiter" oder „Bahnbrecher", die die höchste geistige Vollendung erlangt und durch die Verkündung des Jainismus und durch ihr Beispiel Menschen zur Erlösung geführt haben. Shantinatha gilt als der sechzehnte Tirthamkara, Kunthunatha als sein Nachfolger. Der letzte der 24 Tirthamkaras war Mahavira, ein Zeitgenosse Buddhas.

Ein Tirthamkara hat einen wundervollen Körper, er ist frei von Krankheiten, Schweiß und anderen Unreinheiten, sein Atem duftet wie Lotos, sein Blut hat die Farbe der Milch, und vor ihm, in den Lüften, schwebt ständig das heilige Rad der Lehre (Siddha-cakra). Das sind nur einige von insgesamt 34 Merkmalen, die einen Tirthamkara von einem gewöhnlichen Menschen unterscheiden.

Das Leben eines jeden Tirthamkara kennzeichnen fünf große Ereignisse: Empfängnis, Geburt, Weltentsagung, Erlangen der Allwissenheit, Nirvana. Doch bevor ein Tirthamkara seine Laufbahn unter der Menschen beginnen kann, muß er viele Geburten in den verschiedenen Daseinsbereichen erlebt haben. Und erst allmählich wird er durch seinen heiligen Wandel und durch Askese von Karma frei und erlangt schließlich die Geburt in einer der Göttersphären. Nach überirdischem Genuß entschließt er sich, als Erlöser zur Menschenwelt zurückzukehren und geht in den Schoß einer Königin ein. Er kommt in königlichem Geschlecht zur Welt, genießt als Prinz alle Vorzüge eines Lebens am Hof, wird aber dann Asket, erlangt die Allwissenheit und predigt die Lehren des Jainismus. Am Ende seiner irdischen Tage geht er ins Nirvana ein.

Rishabha und seine Nachfolger

Der erste dieser 24 Tirthamkaras war Rishabha (die Zentralfigur auf dem Altar), meist Adinatha[1] genannt. Wann hat er gelebt? Wer war seine Mutter, wer sein Vater? Wie fand er zur geistigen Vollkommenheit?

Die Zeit, die nach der traditionellen Historiografie der Jainas seit seinem Auftreten verflossen sein soll, ist um vieles länger als die Zeit, die nach unseren wissenschaftlichen Erkenntnissen seit der Entstehung der Erde vergangen ist.

Das muß erklärt werden.

Nach den Ansichten der Inder verläuft die Zeit nicht linear, sondern in ständig sich wiederholenden Perioden von kaum vorstellbarer Dauer. Eine jede Zeitperiode ist in verschiedene Epochen unterteilt. Die erste Epoche ist die

---

1   *adi bedeutet „Anfang", „Ur-" oder „zuerst"; natha* = *„Herr"*

längste und absolut beste; auf der Erde blühen schöne Blumen, Wohlgerüche erfüllen den Luftraum, die Menschen haben eine sehr lange Lebenserwartung, ihr Dasein wird von Glück und Wohlstand geprägt, und Krankheiten sind unbekannt. Die letzte Epoche ist dagegen die absolut schlechteste; die Menschen leben nur kurz, ihre Existenz wird bedroht von Krankheiten, Katastrophen und Krieg; die gesamte Erde ist krank.

Die Tradition des Hinduismus geht von vier Epochen aus, die sich chronologisch wie die Augen auf einem indischen Würfel aufteilen, d. h. 4:3:2:1, und zusammen eine Weltperiode (Mahayuga) ergeben. Gegenwärtig leben wir in einer letzten Epoche, einem Kaliyuga („Schwarzes Zeitalter"). Die indischen Buddhisten betrachten in ihrer Historiografie meist nur ein einziges der Weltzeitalter, nämlich das gegenwärtige und die in ihm auftretenden Buddhas; doch auch die Buddhisten sprechen von einem Absinken der Lebensqualitäten: am Anfang hatten die Menschen eine fast grenzenlose Lebenserwartung, die sich dann ständig verringerte; und als die Lebenserwartung nur noch etwa 100 Jahre betrug, begann die Zeit, in der Buddha Shakyamuni auftrat. Im System der tibetischen Bön-Religion, die u. a. durch indische Einflüsse geprägt wurde, gibt es vergleichbare Vorstellungen. So heißt es in einer der Bön-Doktrinen, daß am Ende der Epoche, wenn die menschliche Lebenserwartung auf zehn Jahre abgesunken ist, ein neuer Erlöser in der Welt erscheinen wird.

Die Jainas haben ebenfalls diese Ideen von sich wiederholenden Zeiträumen, Epochen und den ihnen entsprechenden Lebensverhältnissen aufgegriffen und daraus eine ganz besondere Chronografie-Lehre entwickelt, nach welcher ein jeder Zeitzyklus aus einer aufsteigenden und einer absinkenden Periode besteht: von einem Tiefpunkt der Lebensqualitäten an verbessern sich die Verhältnisse nach und nach zu einem Kulminationspunkt, von dem an die Lebensbedingungen wieder schlechter werden, bis erneut jene denkbar schlechtesten Verhältnisse erreicht sind. Darauf folgt der nächste Zyklus mit seinen beiden Perioden.

Eine einzige Periode hat eine Zeitdauer, die alles Vorstellungsvermögen übersteigt — sie beträgt nämlich zehn Kotikotis von Sagaropamas. „Koti" ist das Sanskritwort für die Zahl Zehnmillion. Mit einem Koti multipliziert, ergibt ein Kotikoti, d. h. 100 Billionen. Und zehn Kotikotis entsprechen dann einer Billiarde. Ein Sagaropama besteht aus zehn Kotikotis von Palyopamas. Dabei entspricht nur ein einziges Palyopama einem derart langen Zeitraum, daß wir es mit unseren herkömmlichen Zeitmaßen nicht auszudrücken vermögen.

Eine jede Periode setzt sich aus sechs Epochen zusammen. Gegenwärtig leben wir in der fünften Epoche einer absteigenden Periode. Zur Zeit der dritten Epoche begannen schon die Verhältnisse auf Erden merklich schlechter zu werden. Die Tugenden der Menschen ließen nach, Gier und Leidenschaften machten sich breit. Deshalb wurde es notwendig, Gesetze aufzustellen, über deren Einhaltung dann Patriarchen wachten. Der letzte dieser Patriarchen war Nabhi, seine Gemahlin hieß Marudevi. Sie hatten einen Sohn, Rishabha. Dieser wuchs in seinem Geburtsort, dem heutigen Ayodhya, zu einem schönen Jüngling heran und heiratete zwei Frauen. Die eine schenkte ihm den Sohn Bharata, die andere den Sohn Bahubali. Auf Nabhis Veranlassung wurde dann Rishabha zum ersten Monarchen dieser Weltperiode gewählt. Durch ihn entstand das Rechtswesen und eine staatliche Verwaltung, und er brachte seinen Untertanen die fünf Grundhandwerke bei – Töpfern, Schneidern, Malen, Weben und Barbieren –, denn die Zustände verschlechterten sich immer mehr, und die Menschen mußten nun um ihr Überleben kämpfen. Im zweiten Drittel seines Lebens aber wurde Rishabha die Vergänglichkeit alles Irdischen bewußt. Er legte sein Amt nieder, zog als Asket durchs Land und erlangte höchste geistige Vollendung.

Wie schon gesagt, führt Rishabha die Reihe der 24 Tirthamkaras an. Er war der erste, der in dieser Weltperiode die Lehren des Jainismus predigte. Am heiligen Berg Kailash in West-Tibet fand er dann die endgültige Befreiung von allem Irdischen. Seither ist fast ein Kotikoti von Sagaropamas vergangen.

Rishabhas Sohn Bharata wurde als König ausgerufen, und er stieg auf zu einem mächtigen Herrscher über ein riesiges Reich. Er wird als der erste Cakravartin dieser Weltperiode gezählt.

Ein Cakravartin stellt das Ideal eines Monarchen dar; er ist weise und verfügt über vierzehn wertvolle Kleinodien. Das wichtigste davon ist ein juwelengeschmücktes Rad – Cakra –, da es als Waffe die Eigenschaften besitzt, durch die der Cakravartin seine Macht begründet. Weitere Kleinodien sind: ein kostbarer Stab, ein Schwert, das jeden Widerstand bricht, ein Schirm, der die Herrscherwürde ausdrückt, ein Fell, das für Waffen undurchdringlich ist, ein Juwel, dessen Glanz sogar die Finsternis erhellt, und eine Münze – Kakini – von unschätzbarem Wert. Zu diesen sieben Kleinodien kommen noch sieben ganz besonders wichtige Kleinodien der Königsherrschaft hinzu: ein kostbarer Feldherr, ein kostbarer Hofmeister, ein kostbarer Architekt, ein kostbarer

Hofpriester, ein kostbarer Elefant, ein kostbares Pferd und eine Gemahlin von ewiger Schönheit und Jugend.

Die Jaina-Tradition zählt insgesamt zwölf Cakravartins in dieser Weltperiode. Einige von ihnen legten die Herrschaft wieder nieder und wurden zu Tirthamkaras. Nach dem ersten Cakravartin, dem Bharata, nennen die Inder ihr Land bis auf den heutigen Tag.

Außer den 24 Tirthamkaras und den zwölf Cakravartins treten in einer Weltperiode noch Triaden von Baladevas, Vasudevas und Prativasudevas auf. Es sind Helden, die immer das gleiche Schauspiel aufführen: Baladeva und Vasudeva sind Halbbrüder, Söhne von verschiedenen Gemahlinnen eines Königs. Prativasudeva ist ihr Widersacher. Es kommt zum Kampf. Vasudeva besiegt Prativasudeva und erringt als „Halb-Cakravartin" (Ardhacakravartin) die Macht. Auf Grund seines Karmas gelangt er aber nach dem Tod in die Hölle. Baladeva überlebt ihn und ist wegen des Verlusts des Halbbruders so betrübt, daß er die Mönchsgelübde annimmt und schließlich die Erlösung findet. Derartige Schauspiele vollzogen sich insgesamt neunmal, so daß diese neun Triaden von Helden zusammen mit den 24 Tirthamkaras und den zwölf Cakravartins eine Anzahl von 63 historisch wichtigen Persönlichkeiten in dieser Weltperiode ergeben.

Als Rishabha starb, vergingen noch drei Jahre und achteinhalb Monate bis zum Ende der dritten Epoche. Alle anderen Tirthamkaras wirkten in der vierten Epoche. Ihre Biografien gleichen dem Lebensweg des Rishabha. Sie kamen allesamt als Prinzen zur Welt, waren dazu ausersehen, den Thron zu erben — einige wurden sogar Cakravartins –, kehrten aber alle eines Tages dem Leben am Hof den Rücken, zogen als Asketen durchs Land, erlangten die Allwissenheit, predigten die Jaina-Lehre und gingen am Ende ihres Daseins ins Nirvana ein.

Entsprechend den schlechter werdenden Lebensumständen der absteigenden Weltperiode verringerte sich nicht nur ständig die Zeitspanne zwischen dem Auftreten der Tirthamkaras, sondern auch deren Lebenserwartung: während Rishabha noch ein astronomisches Alter erreicht hatte, lebte der 22. Tirthamkara Neminatha „nur noch" 1000 Jahre.

Dieser 22. Tirthamkara ist nicht nur für die Jainas, sondern für die Inder allgemein eine historische Persönlichkeit. Das wird verständlich, wenn man beachtet, daß Neminatha als Cousin des Hari Krishna gilt, und die Geschichtlichkeit Krishnas wird ja von keinem Inder ernsthaft angezweifelt.

Krishna war als Angehöriger der Kriegerkaste gegen die bösen Mächte der Welt siegreich zu Felde gezogen. Nun aber geschah etwas, das ihn zuhöchst verwirrte. Sein Cousin Neminatha drang nämlich in seine Waffenkammer ein und blies auf seinem Kriegshorn. Das war eigentlich unmöglich, denn niemandem außer Krishna, der Höchsten Persönlichkeit Gottes, war es gegeben, diesem Horn Töne zu entlocken. Krishna bangte nun um seine Macht und beschloß, Neminatha mit der Tochter des Königs Ugrasena zu vermählen; im Liebesgenuß, so dachte Krishna, würden seines Cousins Kräfte schon schwinden. Als aber Neminatha auf einem Elefant zur Hochzeit ritt, da sah er in Käfige gesperrte Tiere, die zur Feier geschlachtet werden sollten. Da wurde er von solch starkem Mitgefühl mit allen Wesen erfüllt, daß er der Welt entsagte und Asket wurde. Auf dem heiligen Berg Girnar im heutigen Gujarat fand er die Allwissenheit und wurde zum Tirthamkara. Er predigte die Lehre und ging schließlich auf dem Girnar-Berg ins Nirvana ein.

Parshvanatha

Mit Neminathas Nachfolger Parshvanatha kommen wir nun endlich in eine Zeit, die auch für uns historisch nachvollziehbar ist; denn an der Geschichtlichkeit dieses 23. Tirthamkara kann es eigentlich keine Zweifel geben.

Es war um die Wende zum 8. Jahrhundert vor Christi. In Indien waren große Städte entstanden, und der Handel blühte. Man verfügte über eine umfangreiche Literatur, und eine feinsinnige Kunst begann sich zu entwickeln. Asketen, die meist aus vornehmem Hause stammten, zogen durchs Land und verkündeten ihre Lehren. Einer von ihnen war Parshvanatha, geboren in Benares (Varanasi) als Sohn des Königs Ashvasena und seiner Gemahlin Vamadevi.

Während der Empfängnis hatte Vamadevi im Traum neben sich eine Schlange gesehen, deshalb wurde ihr Sohn Parshva (Schlange) genannt. Zum Jüngling herangewachsen, wurde aus Parshva ein Kriegsheld, der mit dem König Yavana von Kalinga (heute Orissa) kämpfte. Er heiratete die Königstochter Prabhavati und erbte schließlich den Thron. Eines Tages aber sah er in seinem Schloßpark eine Statue des 22. Tirthamkara Neminatha. Das Bild beeindruckte Parshva derart, daß er beschloß, selbst Asket zu werden. Er legte seine Königsgewänder nieder und zog mit der Bettelschale durchs Land. Dann kehrte er in seine Geburtsstadt Benares zurück und erlangte hier, als er 84 Jahre alt war, die Allwissenheit und wurde zum Tirthamkara Parshvanatha. Darauf gründete er einen Asketenorden, zog wieder predigend durchs Land und ging dann im Alter von 100 Jahren auf dem Berg Sametashikhara im heutigen Bihar ins Nirvana ein.

Die Lehre, die Parshvanatha verkündete, enthält schon wesentliche Elemente des späteren systematisierten Jainismus. Da war zunächst die Theorie von einem unerschaffenen und unvergänglichen Universum, das sich in Oberwelt, Mittelwelt und Unterwelt aufteilt. Dieses Universum ist angefüllt mit einer unendlichen Zahl von Seelen, die normalerweise unbeschränkte Kräfte besitzen, diese aber nicht entfalten können, weil sie vom Karma, das die Lebewesen durch ihr Handeln binden, gehemmt und so dem Kreislauf von Geburt und Tod ausgeliefert sind; doch durch Askese ist es möglich, Karma zu vernichten und die Seele letztendlich zur Erlösung zu führen. Die Idee von einer Individualseele (Atman) und von der Wiedergeburt taucht zum ersten Mal in den älteren Upanishaden auf, die zu der Zeit entstanden, als Parshvanatha, den Überlieferungen der Jainas zufolge, seine Seelenlehre verkündete. Parshvanatha steht also nicht im Widerspruch zu dem, was wir über das geistliche Leben jener Zeit wissen, und deshalb dürfte es auch aus religionswissenschaftlicher Sicht keine prinzipiellen Einwende bezüglich der Geschichtlichkeit des 23. Tirthamkara geben.

Unter diesen kleinen Altarstatuen, die ich mir nun nacheinander anschaue, ist die des Parshvanatha leicht an den Schlangenköpfen zu identifizieren, die sein Haupt wie ein Schirm umgeben. (Parshvanatha bedeutet wörtlich „Schlangenherr".) Ansonsten sehen die Statuen der Tirthamkaras in der Regel ziemlich gleich aus. Man kann sie aber unterscheiden durch ihre Symbole und Wappentiere, die meist auf Täfelchen unter ihren im Lotossitz verschränkten Beinen abgebildet sind (vgl. S 161). Ich beuge mich nach vorne,

Bronzestatue des Parshvanatha

um an den kleinen Statuen Symbole zu finden. Da füllt sich plötzlich der Tempel mit Menschen. Wie es scheint, hat Muni Shri seine Rede jetzt beendet. Ich gehe deshalb wieder nach draußen.

Im Park sind nun noch mehr Menschen als vorher. Es herrscht Gedränge. Aus Lautsprechern klingen religiöse Gesänge. Im Zelt haben sich die meisten erhoben und streben nach draußen. Ich treffe auf Naveen, der mich bereits gesucht hat. Er führt mich zur Stirnseite des Zeltes, wo es ein wenig ruhiger zugeht. Und plötzlich erblicken wir dort dicht vor uns Muni Shri. Er befindet sich in Begleitung von nur zwei oder drei Männern und wird von kaum jemandem bemerkt. Offenbar hat man ihn ungesehen hinter dem Podium aus dem Zelt geholt, damit er nicht durch das Gedränge muß. Er geht mit eiligen Schritten und biegt um die Ecke des zweistöckigen Hauses neben dem Tempel.

Dieses Gebäude, erklärt mir Naveen, ist der wichtigste Upashraya der Jainas in Jaipur. Unter einem Upashraya kann man sich eine Art Gemeindezentrum vorstellen, das von den Laien unterhalten wird und ihnen als Versammlungsort dient, wo aber auch Mönche beherbergt werden, die Belehrungen und Unterweisungen in religiösen Angelegenheiten geben oder seelsorgerische Gespräche mit Gemeindemitgliedern führen.

Und während wir noch in die Richtung blicken, in welche der Heilige eben verschwunden ist, verkündet mir Naveen feierlich: „Muni Shri erwartet Sie zu einer Audienz, Sir. Sie sind angemeldet. Ich werde dabei übersetzen."

Was für eine Nachricht! Doch dann ärgere ich mich ein wenig. Hätte ich heute morgen etwas Derartiges nur geahnt! Ich hätte mich auf ein Interview vorbereitet, hätte mir Fragen überlegt und notiert. Das Diktiergerät habe ich auch nicht eingepackt, fällt mir ein.

„Arbeiten Sie als Dolmetscher, Sir?", frage ich Naveen.

„Eigentlich nur mein Vater. Ich bin Geschäftsmann in Jaipur. Mein Vater übersetzt auch Schriften von Muni Shri ins Englische."

„Ist Muni Shri Schriftsteller?"

„Oh ja, das ist er, ein Poet."

Im Treppenhaus des Upashraya bittet mich Naveen, die Sandalen auszuziehen. Dann zeigt er auf meine Hose und sagt: „Der Gürtel ist aus Leder, den müssen Sie abnehmen, Sir. In Gegenwart von Muni Shri ist es nicht erlaubt, irgend etwas zu tragen, das an die Tötung von Lebewesen erinnert."

Also ziehe ich den Gürtel aus der Hose und verstaue ihn im Jutebeutel.

Am Ende der Treppe befindet sich ein Korridor, der zu dem kleinen Predigtsaal des Upashraya führt. Von dort bis vor an die Treppe stehen Frauen und Männer, die vermutlich alle auf ein Gespräch mit Muni Shri warten. Als sie mich sehen, machen sie mir bereitwillig Platz. Auch im Saal treten die Leute zur Seite. Und plötzlich stehe ich dem Heiligen direkt gegenüber. Er lächelt vergnügt angesichts meiner wohl etwas verdutzten Miene.

Der kleine Saal wirkt kahl und schmucklos wie eine Sporthalle. Muni Shri nimmt auf einem ungepolsterten Podest Platz und läßt das rechte Bein herabhängen. Er zeigt links neben sich. Dort knie ich nieder. Naveen mir gegenüber. Und dann bin ich wie blockiert. Was soll ich fragen ...?

Naveen nimmt mir dieses Problem ab, indem er das Gespräch mit dem Heiligen auf Hindi eröffnet.

„Sie möchten die Jaina-Lehre kennenlernen?", fragt mich darauf Muni Shri.

„Mehr noch. Ich trage mich mit dem Gedanken, meine Erfahrungen in Buchform zu bringen."

„Eine großartige Idee. Werden Sie in Deutsch schreiben?"

„Ja."

„Es ist gut, auch in anderen Sprachen über die Lehre zu schreiben."

Darauf bittet mich Muni Shri eindringlich, an diesen Plänen festzuhalten, und segnet meine Arbeit.

Und damit ist unser Gespräch eigentlich schon beendet. Es gibt noch so viele andere, die sich zu einer Audienz angemeldet haben.

Während ich mich erhebe, spricht Muni Shri noch etwas zu Naveen, und der übersetzt mir: „Sie brauchen gute Quellen für Ihr Buch, meint Muni Shri. Bitte folgen Sie mir."

Er bringt mich in einen Nebenraum, der vollständig mit Kokosfasermatten ausgelegt ist. Hier hat sich eine Gruppe aus überwiegend jungen Leuten niedergelassen. Dem Eingang gegenüber ein Podest, auf dem zwei jener Mönche sitzen, die vorhin auf der Straße unmittelbar hinter Muni Shri gegangen sind. Naveen erklärt ihnen kurz auf Hindi, was es mit meiner Person auf sich hat. Doch das hätte er gar nicht gebraucht, die beiden Mönche sprechen sehr gut Englisch. Als sie von meinen Schreibplänen hören, lassen sie Broschüren und Magazine heranholen und beginnen zu debattieren, wie ein solches Buch aussehen sollte. Auf alle Fälle müsse ich auch meine Impressionen mit einarbeiten, sagen sie. Auch über Kosmografie und Geschichte des Jainas müsse geschrieben werden. Eine junge Frau bringt mir ein Buch und sagt, das könne ich mitnehmen, darin würde ich viel Stoff für meine Arbeit finden.

Mahavira

Dann holen sie neue Bücher. Und während wir dasitzen, in den Schriften blättern und diskutieren, kommen wir in die Dämmerung. Zum Abschied reichen sie mir noch eine winzige Broschüre mit Aussprüchen von berühmten Jaina-Heiligen. Auf der ersten Seite ein Foto jener kolossalen Marmorstatue des Lord Mahavira in Kutab bei Delhi, von der ich auch ein Bild in meinem Buch „Berg der Götter" habe. Unter dem Foto stehen die Worte:

Mahavira, the Most Auspicious!
Mahavira, the Most Excellent!!
Mahavira, the Best Refuge!!!

Über das Leben dieses letzten der 24 Tirthamkaras gibt es zwei Berichte, die sich zum Teil widersprechen und jeweils von den beiden Konfessionen der Jainas, den Shvetambaras und den Digambaras, vertreten werden. Feststeht aber, daß Mahavira 250 Jahre nach Parshvanatha auftrat und der Jaina-Lehre endgültig zum Durchbruch verhalf.

Gemäß den Überlieferungen hatte Parshvanatha durch seine Tätigkeit als spiritueller Lehrer eine Laiengemeinde von 327.000 Frauen und 164.000 Män-

Statuen des Mahavira

nern gewonnen, und sein Orden bestand aus 38.000 Nonnen und 16.000 Mönchen. Nachdem Parshvanatha ins Nirvana eingegangen war, übernahm einer seiner acht Hauptschüler, namentlich Shubhadatta, die Leitung des Ordens. Auf ihm folgten in chronologischer Reihenfolge Haridatta, Aryasamudra, Prabha und Keshi. Während des letzten befand sich die Moral der Gemeinde schon arg im Verfall; Laien hielten sich nicht mehr konsequent an die aufgestellten Vorschriften, und Ordinierte nahmen ihre Gelübde nicht mehr im vollen Umfang ernst.

Da wurde in Kundagrama dem Raja Siddhartha und seiner Gemahlin Trishala ein Sohn geboren, der den Namen Vardhamana erhielt. Ihm sollte es gegeben sein, als 24. Tirthamkara den Orden und die Laiengemeinde von Grund auf zu reformieren und der Morallehre des Parshvanatha eine feste Form zu verleihen, damit ihr die noch verbleibende Zeit in dieser Weltperiode nichts mehr anhaben konnte.

Kundagrama lag vor den Toren der Stadt Vaishali, nördlich dem heutigen Patna im indischen Bundesstaat Bihar, dem damaligen Magadha. Siddhartha war eigentlich Angehöriger der Kriegerkaste (Kshatriya); der Titel Raja wurde ihm verliehen, weil er als adliger Großgrundbesitzer über beträchtliche Ländereien verfügte. Seine Gemahlin Trishala stammte aus königlichem Hause. Sie war die Schwester von Cetaka, dem König von Vaishali, dessen Tochter später die Gemahlin von Bimbisara, des Herrschers über Magadha, wurde.

In einer Legende der Shvetambaras wird erzählt, daß Vardhamana, der nachmalige 24. Tirthamkara, von den Göttersphären herabgekommen und in den Schoß der Brahmanenfrau Devananda eingegangen war. Durch verschiedene Traumbilder wurde ihr die Geburt eines außergewöhnlichen Kindes angekündigt. Aber eigentlich verstieß es gegen die Regeln, wenn plötzlich eine Brahmanin den Anwärter eines Tirthamkara gebären sollte. Aus diesem Grund griff Shakra ein, der Herrscher über die südliche Hemisphäre des unteren Himmelsbereichs. Er beauftragte den antilopenköpfigen Oberbefehlshaber seiner Fußtruppen, den Embryo nachts heimlich aus dem Leib der Devananda zu entfernen und mit dem Embryo der Königin Trishala zu vertauschen, was dann auch geschah. Damit war die alte Regel wiederhergestellt, und der künftige Tirthamkara konnte in königlichem Hause zur Welt kommen. Die andere Konfession der Jainas, die Digambaras, wollen von dieser Legende nichts wissen. Nach ihnen hatte der künftige 24. Tirthamkara gleich im Leib der Trishala die Form eines Embryos angenommen.

Wie dem auch gewesen sein mag — die Zeit der Schwangerschaft ging ohne Zwischenfälle vorüber, und der Prinz kam unter astrologisch günstigen Vorzeichen zur Welt; hierüber ist man sich einig. Was jedoch die Kindheit und Jugend des Vardhamana betrifft, so gehen die Auffassungen der beiden Konfessionen wieder auseinander. Nach den Digambaras war Vardhamana niemals verheiratet und führte schon von Kindesalter an ein asketisches Leben. Und als er zum Asketen wurde, hätten seine Eltern — glühende Verehrer des Parshvanatha — noch gelebt. Die Shvetambaras erzählen die Geschichte des Vardhamana ganz anders. Zwar, behaupten sie, hätte er schon früh von seiner Bestimmung gewußt, da er aber seinen Eltern keinen Kummer bereiten wollte, hätte er zunächst das Leben eines Prinzen geführt, mit 28 Jahren ein Mädchen aus gutem Hause mit Namen Yashoda geheiratet und mit ihr eine Tochter gezeugt. Und erst nach dem Tod seiner Eltern sei Vardhamana als Asket in die Welt hinausgezogen. Einigkeit besteht aber über eine Episode aus seiner Kindheit. Eine Gottheit, erzählt man sich, sei aus dem Himmel Indras herabgestiegen, hätte Vardhamana zum Kampf herausgefordert und sei von ihm besiegt worden. Daher rühre sein Ehrenname Mahavira, Großer Held.

Nachdem Mahavira das Prinzengewand mit der Robe eines Bettelmönchs vertauscht hatte, vollzog er in einem Park an sich selbst die Mönchsweihe, indem er mit fünf Handgriffen sein Haupthaar herausriß. Dabei erlangte er die Fähigkeit des transzendenten Erkennens der Gedanken anderer (d. h. Manahparyaya-jnana). Dreizehn Jahre später legte er seine Robe ab und ging von nun an nackt. Die Digambaras behaupten dagegen, daß Mahavira gleich nach seinem Eintritt in den Mönchsstand das Leben eines nackten Asketen geführt hätte; doch Manahparyaya-jnana sei ihm erst nach langem Ringen und harter Kasteiung gekommen. Einig sind sich beide Konfessionen aber, daß Mahavira im Alter von 43 Jahren die Allwissenheit erlangte. Dies geschah während einer Meditation unter einem Shal-Baum in der Nähe eines alten Tempels am Ufer des Flusses Barakar unweit des Ortes Jrimbhikagrama.

Zu Beginn seines Asketentums lebte Mahavira noch in jenem Orden, den Parshvanatha zweieinhalb Jahrhunderte zuvor gegründet hatte; doch auf Grund der schlechten Moral unter den Mönchen und Nonnen wandte er sich von dem Orden ab und führte ein Wanderleben. Nach Erlangen der Allwissenheit nahm er sich als Tirthamkara wieder der Mönche, Nonnen und Laien an, predigte ihnen die wahre Lehre, erneuerte die ethischen Vorschriften und fügte noch einige besondere Gelübde hinzu. Im 23. Kapitel des Uttaradhyayana-Sutra ist ein Gespräch zwischen Mahaviras Jünger Gautama Indrabhuti und Keshi, dem fünften Oberhaupt des Ordens nach Parshvanatha, aufgezeichnet, in welchem beide die vollständige Übereinstimmung der Anschauungen von Parshvanatha und Mahavira feststellen.

Mit seiner Jüngerschaft wanderte Mahavira nun durch alle Gegenden seines Heimatlandes Magadha und predigte die Lehre. Oft geschah es, daß Landesfürsten mit Prunk und großem Gefolge zu dem nackten Asketen zogen und um Belehrungen in metaphysischen Dingen und den Idealen der Jainas baten. Insgesamt vierzehn Regenzeiten verlebte Mahavira in der Landeshauptstadt Rajagaha (oder Rajagriha), die damals 60.000 Einwohner zählte. Hier regierte auch Bimbisara, der König von Magadha. Und Mahavira gelang es, ihn als Förderer seines Ordens zu gewinnen. In Rajagaha traf Mahavira aber auch auf einen mächtigen Gegenspieler: Buddha Shakyamuni.

Einige Lebensstationen des Buddha, der mit bürgerlichem Namen Siddhartha Gautama hieß, glichen denen eines Tirthamkara. Auch Buddha war als Sohn von adligen Eltern zur Welt gekommen, hatte als Prinz zunächst alle Vorzüge eines Lebens am Hofe genossen, war aber dann, nach einigen persönlichen Erfahrungen, als Asket in die Welt hinausgezogen, um sich in harter Kasteiung zu üben. Doch im Gegensatz zu Mahavira hatte Buddha das Asketentum wieder aufgegeben zugunsten des Mittleren Pfades, den er seinen Mönchen lehrte: „Zwei Extremen, o Mönche, darf von einem, der hinausgezogen ist, nicht gefrönt werden. Welche sind das? Da ist einmal die Hingabe an die Lust der Sinnesfreuden, niedrig, gemein, weltlich, unedel, nicht zum Ziel führend. Da ist zum anderen die Hingabe an die Selbstpeinigung, leidvoll, unedel, nicht zum Ziel führend. Ohne diesen beiden Extremen, o Mönche, zu folgen, ist ein Mittlerer Pfad vom Vollendeten entdeckt worden, der Sehen bewirkt, Wissen bewirkt, zur Beruhigung, zur Einsicht, zur Erleuchtung, zum Nirvana hinführt."[1] Wie Mahavira hielt auch Buddha nichts von der Idee einer Weltseele, jedoch verwarf er ebenso den Dualismus von Jiva (der Seele) und Ajiva (dem Ungeistigen), wie ihn Mahavira postulierte. Nach Buddhas Auffassung ist die Existenz eines Selbst oder einer Seele paradox; das, was als physisch-psychisches Individuum in Erscheinung tritt, wird von fünf Aggregaten gebildet: Körper, Empfindung, Wahrnehmung, Gestaltungskräften und Bewußtsein. Diese lösen sich nach dem Tod wieder auf, werden aber durch

---

1 Samyuttanikaya, LVI 11

die Kraft des Karmas neu gebildet, so lange, bis alles Karma vernichtet und damit die Erlösung erlangt ist. Auf Grund dieser verschiedenen Ansichten kam es häufig zwischen den Anhängern des Buddha und des Mahavira zu einem heftigen verbalen Schlagabtausch. Jedoch gab es auch Gemeinsamkeiten in der religiösen Praxis beider Gemeinden; es war der Glaube an die Macht des Mitgefühls und das Konzept von Ahimsa, d. h. prinzipieller Gewaltverzicht und Achtung und Schonung allen Lebens. Außerdem leugneten beide Gemeinden gleichermaßen die Autorität der Veden.[1]

Wie es scheint, hatte Mahavira seinem Gegenspieler einiges an Organisationstalent voraus. Ihm gelang es nämlich, die Laiengemeinde fest in den Sangha einzufügen und so eine enge Verbindung zwischen Ordinierten und den anderen Gemeindemitgliedern zu schaffen. Der Sangha wurde bei den Jainas immer als „vierfach" bezeichnet: Mönche, Nonnen, Laienanhänger und Laienanhängerinnen. Als integrierter Bestandteil des Sangha besaßen die Laien auch weitreichende Rechte; so konnten sie beispielsweise den Wandel der Mönche beaufsichtigen. Diese feste Organisation der Jaina-Gemeinde durch Mahavira war sicherlich mit ein Grund, weshalb der Jainismus in Indien überleben konnte, während der Buddhismus, bei dem es eine solche Organisation nicht gab, die Zeiten der moslemischen Verfolgung nicht überstand und in seinem Ursprungsland unterging. Im indischen Buddhismus war der Sangha immer nur die „Gemeinde der Erhabenen", was bedeutete, daß der Laie stets außerhalb desselben stand. Niemals konnte es zu einer solch innigen Beziehung zwischen Ordinierten und Laien kommen, wie das bei den Jainas zu allen Zeiten eine Selbstverständlichkeit war. Der Buddhismus verkümmerte in Indien schließlich zu einer reinen Mönchsreligion, zu welcher der Laie keine Beziehung mehr fand. Die ab dem 12. Jahrhundert ins Land strömenden moslemischen Eroberer setzten unter diese Entwicklung dann den Schlußpunkt, indem sie die noch wenigen verbliebenen Klosteruniversitäten des Buddhismus zerstörten.

Nun soll nicht der Eindruck entstehen, ich wolle dem historischen Buddha die Schuld an der Misere des indischen Buddhismus zuweisen. Buddha hatte für die Ordnung, die er seinen Mönchen verkündet hatte, niemals Unfehlbarkeit und Ausschließlichkeit beansprucht, sondern stets zu einer Überprüfung

---

1 In einigen buddhistischen Texten erscheint Mahavira unter dem Namen Nigantha Nataputta, und Jaina-Quellen nennen den Buddha häufig den „Asketen Buddhakirti".

derselben ermutigt. Er wollte damit seiner Lehre eine gewisse Dynamik verleihen, um sie auch unter neuen Gegebenheiten zu späteren Zeiten nachvollziehbar zu machen. Eine Umstrukturierung des buddhistischen Sangha, die spätesten zur Zeit der hinduistischen Gegenreform ab dem 8. Jahrhundert unerläßlich war, hätte also nicht prinzipiell im Widerspruch zur originären Lehre des Buddha gestanden. Doch die indischen Buddhisten haben es versäumt, auf die Zeichen der Zeit angemessen zu reagieren. Eine Erneuerung des buddhistischen Sangha erfolgte in Indien erst 2500 Jahre nach Buddha durch Dr. Bimrao Ramji Ambedkar, dessen zum Schluß des Buches noch gedacht werden soll.

Nach 29 Jahren Lehrtätigkeit spürte Mahavira, daß das Ende seiner Tage nahe war. Über seinen Tod gehen die Berichte wieder auseinander. Einig ist man sich lediglich, daß der Meister in der Kanzlei des Königs Hastipala in Pavapuri aus dem Leben schied. Die einen behaupten, Mahaviras Leichnam sei unter großer Prachtentfaltung verbrannt worden; andere meinen dagegen, Mahaviras Körper hätte sich bei seinem Eintritt ins Nirvana aufgelöst, nur Nägel und Haare seien geblieben.

Kundagrama, der Geburtsort Mahaviras, ist heute ein beliebtes Wallfahrtsziel. In Pavapuri, wo der 24. Tirthamkara das Nirvana erlangte, befindet sich ein in einem Teich gelegener Tempel, der die Fußabdrücke Mahaviras und seiner Jünger Gautama Indrabhuti und Sudharma enthält. Jedoch gibt es kein Heiligtum am Ufer des Barakar; jener Platz, an dem Mahavira die Allwissenheit fand, ist eigenartigerweise noch nicht einmal genau identifiziert.

Die Lebensdaten des Mahavira werden heute allgemein mit 549 bis 477 vor Christi angegeben; die des Buddha mit 563 bis 483 vor Christi.

Geschichtlicher Abriß des Jainismus

Nach der Historiografie der Jainas ging genau drei Jahre und achteinhalb Monate nach Mahaviras Tod die vierte Epoche der absteigenden Weltperiode zu Ende. In der gegenwärtigen fünften Epoche, die 21.000 Jahre dauern wird, sind keine Tirthamkaras mehr zu erwarten. Das gilt auch für die nächste, die sechste und damit letzte Epoche, die ebenfalls 21.000 Jahre währen wird. Danach beginnt eine neue Periode, eine „Aufsteigende", in welcher auch wieder Tirthamkaras auftreten werden.

Den Überlieferungen gemäß hatte Mahavira 14.000 Mönche, 36.000 Nonnen, 159.000 Laienanhänger und 318.000 Laienanhängerinnen der Jaina-Gemeinde hinzugewonnen. Die Mönche unterstanden zunächst seinem Jünger Gautama Indrabhuti, die Nonnengemeinschaft wurde von Mahaviras Cousine Candana geleitet, Shankhashataka waren die Laien zugeteilt, und die Laienschwestern hatten die beiden Frauen Sulasa und Revati unter sich. In der Nacht, in der Mahavira starb, erlangte Gautama Indrabhuti die Allwissenheit, und er übergab dann sein Amt an Arya Sudharma. Dieser leitete die Gemeinde zwölf Jahre lang — bis Gautama Indrabhuti ins Nirvana einging. Danach wurde Sudharma Asket, und sein Schüler Jambusvami trat an seine Stelle. Wie alle Oberen der Gemeinde vor ihm erlangte auch er die Allwissenheit und ging ins Nirvana ein. Dies geschah 64 Jahre nach Mahaviras Tod. Jambusvami war jedoch der letzte Heilige der Jainas in dieser Epoche, der das Nirvana erlangt hatte, denn nach ihm war niemand mehr im Stande, die höchste geistige Vollendung zu erringen.

Fünf aufeinanderfolgende Oberhäupter der Jainas verfügten noch über genaue Kenntnisse des vollständigen, von Mahavira gelehrten Kanons. Der letzte von ihnen war Bhadrabahu. Während seiner Zeit kam es in Magadha zu einer großen Hungersnot, die zur Folge hatte, daß die Jaina-Gemeinde auseinandergerissen wurde, Teile des Kanons verloren gingen und schließlich jene beiden Konfessionen des Jainismus entstanden, die Digambaras und die Shvetambaras. Davon wird im nächsten Kapitel noch die Rede sein.

Das, was aus der Folgezeit über Heilige der Jainas berichtet wird, klingt sehr legendenhaft. Außerdem widersprechen sich die Angaben beider Konfessionen, und Shvetambaras und Digambaras nennen in ihren Überlieferungen häufig verschiedene Namen. Feststeht aber, daß in den ersten Jahrhunderten nach Mahavira der Jainismus in Magadha sehr populär war und sich der großzügigen Förderung durch das Königshaus erfreuen konnte. Auch im Reich Kalinga an der indischen Ostküste scheint der Jainismus schon früh verbreitet gewesen zu sein. So war vor allem König Kharavela der Cedi-Dynastie (2. Jahrhundert v. Chr.) ein großer Förderer der Jaina-Gemeinde, und der Chinese Hsüan-tsang bezeugt noch im 7. Jahrhundert die Verbreitung des Jainismus in Kalinga.

Funde aus Mathura zeugen davon, daß auch in dieser Stadt an der Yamuna etwa ab dem 2. Jahrhundert v. Chr. ein bedeutendes Zentrum des Jainismus und ebenso des Buddhismus entstand. Zu besonderer Blüte kamen beide Lehren dann zur Zeit der Gupta-Dynastie, die 320 n. Chr. von Candragupta I begründet wurde. Wie Buddhisten errichteten die Jainas damals an ihren Kultstätten Stupas und stellten Standbilder der Stifter ihrer Lehren auf. Die ältesten Statuen von Tirthamkaras und Buddhas, die in Mathura ans Licht kamen, dürften aus dem ersten nachchristlichen Jahrhundert stammen.

Der Jainismus in Gujarat

Sehr verläßliche Nachrichten über den Jainismus in Nord-Indien erhalten wir ab dem 6. Jahrhundert aus den Regionen der heutigen indischen Bundesstaaten Gujarat und Rajasthan. In der Regel waren hier die Herrscherhäuser dem Jainismus freundlich gesinnt, und manche Machthaber hatten eine ganz persönliche Beziehung zu den Jainas. Von Vanaraja (etwa 720 bis 780) aus der Cavada-Dynastie wird sogar berichtet, daß er von dem Jaina-Mönch Shilaguna Suri im Wald erzogen worden sei, bevor er den Thron bestieg.

Um 503 fand in der Stadt Valabhi in Gujarat ein großes Konzil der Shvetambaras statt, bei welchem diese Konfession ihren Kanon in die endgültige Fassung brachte. Etwa dreizehn Jahre später unterzogen sie dann ihre Schriftensammlung während eines Konzils in Mathura einer Schlußrevision.

Eine besondere Förderung durch das Königtum in Gujarat erfuhr der Jainismus während der von Mularaja (961 bis 996) begründeten Caulukya-Dynastie — obwohl die Herrscher dieses Hauses eigentlich Anhänger des Shiva-Kultes waren. Vimala, ein Minister von Bhima I (1022 bis 1064), weihte im Jahre 1031 in der Ortschaft Dilvara auf dem Berg Abu in der Aravali-Kette den wohl schönsten Tempel des Jainismus, der heute noch in seiner vollen Pracht zu bewundern ist. Während der Zeit der beiden Nachfolger von König Bhima trat einer der berühmtesten Heiligen und Schriftsteller des Jainismus auf, Hemacandra.

Er kam 1088 als Sohn eines Kaufmanns, der ein glühender Anhänger des Jainismus war, zur Welt. Sein Geburtsname war Cangadeva. Schon im Kindesalter nahm ihn der Mönch Devacandra in Obhut, erteilte ihm im achten Lebensjahr die erste Weihe und verlieh ihm den Weihenamen Somacandra. Als

Jüngling erwarb er sich höchste Kenntnisse in allen Branchen der Jaina-Lehre und studierte auch den Brahmanismus. Mit 21 Jahren wurde er dann Acarya und führte von da an den Weihenamen Hemacandra. Er erlangte die Freundschaft des Königs Jayasimha, der ihn an seinen Hof nahm. Dort verfaßte er die berühmte Grammatik Siddhahemacandra und noch andere Bücher mehr. Jayasimha verstarb im Jahre 1143 kinderlos. Sein Großneffe und Nachfolger Kumarapala wurde von Hemacandra zum Jainismus bekehrt. Darauf ließ dieser König — wie es die Gebote der Jainas verlangen — das Töten von Lebewesen in seinem Reich per Gesetz verbieten. Alle Schlachthäuser wurden geschlossen, und die Metzger erhielten als Entschädigung einen Betrag in dreifacher Höhe ihres Jahreseinkommens. Ferner wurde das Tieropfer verboten und durch Getreidespenden ersetzt. Am Hof des Kumarapala verfaßte Hemacandra sein berühmtes Yogashastra (eine Darstellung der Jaina-Lehre), außerdem sein umfangreiches Werk über die Geschichte der 63 historisch wichtigen Persönlichkeiten in dieser Weltperiode, eine Chronik der Caulukya-Dynastie, ein Lehrbuch über das Regieren nach den Idealen des Jainismus und andere Schriften mehr.

Zahlreiche Legenden berichten von den übernatürlichen Kräften Hemacandras und seiner Begabung in Prophetie. Im Jahre 1172 beendete er, 84jährig, sein Dasein durch Fasten bis zum Tod.[1] Darauf starb König Kumarapala in der gleichen Weise. Sein Neffe Ajapala, der ihm auf dem Thron folgte, war ein fanatischer Anhänger des Shivaismus und ein Feind der Jaina-Lehre, so daß es unter seiner Herrschaft zu einer Verfolgung der Jainas in Gujarat kam. Zu Beginn des 13. Jahrhunderts wurde die Caulukya-Dynastie von den Vaghelas abgelöst, die wieder Gönner des Jainismus waren. Besondere Verdienste bei der Förderung der Jaina-Lehre erwarben sich die Minister (und Brüder) Vastupala und Tejapala. Sie ließen auf den heiligen Bergen Abu, Girnar und Shantrunjaya wunderbare Tempel errichten, die noch heute zu bestaunen sind.

---

1   *Über diese Praxis der sogenannten Samlekhana, die selten auch von Buddhisten durchgeführt wurde, ist manches Übertriebene geschrieben worden. Heute wird Samlekhana kaum noch praktiziert, und es ist dafür auch eine besondere Erlaubnis nötig, die ausschließlich alten Asketen, die ohnehin kurz vor ihrem Tod stehen, gegeben wird. Diese Asketen begeben sich dann auf einen Berg und setzen sich in Meditationshaltung unter einen Baum, so lange, bis durch Mangel an Nahrung der Tod eintritt. Die Idee der Samlekhana ist, durch Inaktivität und Nahrungsverweigerung einen vollständig karmafreien Übergang vom Leben zum Tod zu erwirken und so eine besonders günstige Wiedergeburt zu erlangen.*

Der Jainismus im Süden

Im südlichen Indien und in der Dekhan-Region, d. h. in den Verbreitungsgebieten der Digambara-Konfession, erlebte der Jainismus während der langen Herrschaft der Gangas (2. bis 11. Jahrhundert) eine glanzvolle Zeit. Die zahlreichen Könige dieser Dynastie waren alle fromme Jainas, die in hohem Maße die Ausbreitung des Jaina-Glaubens förderten. Eine der berühmtesten Persönlichkeiten des Jainismus im Süden war der Gelehrte und Heilige Samantabhadra, der auch viel dazu beitrug, die Digambara-Tradition in Nord-Indien zu popularisieren. Auf seinen ausgedehnten Vortragsreisen besuchte er u. a. Benares und Pataliputra, jene Metropolen des alten Magadha, sowie Gebiete im Indus-Tal und im Panjab. Samantabhadra arbeitete außerdem als Schriftsteller. Von seinen Werken, die er hinterließ, gilt Aptamimansa (eine Darstellung der Logik und Metaphysik des Jaina-Systems) als das bedeutendste. Die Tradition verlegt das Wirken des Samantabhadra in das erste Jahrhundert; nach heutigen Erkenntnissen lebte der Gelehrte jedoch erst um 600.

Rund hundert Jahre nach Samantabhadra traten im Süden zwei weitere bedeutende Heilige auf, Pujyapada und Akalanka. Pujyapada, dem auch übersinnliche Kräfte zugeschrieben werden, verfaßte zahlreiche Werke über Medizin, Grammatik und Philosophie, und genau wie Samantabhadra unternahm er ausgedehnte Vortragsreisen in den Norden Indiens. Akalanka schrieb einen Kommentar zu Samantabhadras Aptamimansa und andere Werke mehr. In der südindischen Stadt Kanchipuram, wo die Pallavas (4. bis 10. Jahrhundert) herrschten, trug er eine große Disputation mit den Buddhisten aus, die damit endete, daß sich König Hemasitala zur Jaina-Lehre bekannte und die Buddhisten nach Shri Lanka verbannte.

Besonders gefördert wurde der Jainismus von Camundaraya, einem Minister der Könige Marasimha II (961 bis 974), Racamalla IV (974 bis 977) und Rakkasa (977 bis 984) der Ganga-Dynastie. In seinem Umfeld wirkten der Gelehrte Nemicandra, der mit seinen philosophischen Werken bei den Digambaras in höchstem Ansehen steht, und der große Dichter Ranna. Camundaraya war auch selbst schriftstellerisch tätig. Und er war es auch, der um 980 in Shravana Belgola das kolossale Standbild des Heiligen Bahubali errichten ließ, von welchem später noch ausführlich die Rede sein wird.

Im Jahre 1004 wurde die Hauptstadt Talakad der Gangas von dem Cola-

König Rajendra erobert. Darauf ging die Macht der Gangas allmählich zu Ende. Genau 112 Jahre später wurden die Colas von den Hoysalas aus dem Süden des heutigen Karnataka vertrieben. Die ersten Könige der Hoysalas waren Anhänger des Jainismus und hinterließen einige sehr bedeutende Jaina-Tempel.

Gönner der Jainas waren auch die nördlich der Gangas und an der Westküste herrschenden Rashtrakutas. Amoghavarsha I (815 bis 877), der wohl Frommste dieser Dynastie, war in seiner Jugend Schüler des Jaina-Meisters Jinasena. Dieser hatte eine Biografie des Tirthamkara Parshvanatha und ein umfangreiches zweiteiliges Werk über die Welthistorie nach der Tradition der Jainas verfaßt. Im Alter übergab Amoghavarsha den Thron seinem Sohn Krishna II, lebte von da an als Asket und begann selbst zu schreiben. Im Jahre 973 wurden die Rashtrakutas von den Calukyas, einem Nebenzweig der im nördlichen Gujarat herrschenden Caulukyas, gestürzt. Indra, der letzte der Rashtrakutas, fand 982 in Shravana Belgola den Tod durch Fasten. Aber auch die Calukyas blieben dem Jainismus freundlich gesinnt.

In den ersten Jahrhunderten nach der Jahrtausendwende setzte dann im südlichen Indien ein allgemeiner Niedergang des Jainismus ein. Die Unterstützung der Jainas durch die Herrscherhäuser blieb aus, und auch brahmanische Bewegungen fügten den Jaina-Gemeinden schwere Schläge zu.

Besonders erbitterte Gegner der Jainas und fanatische Anhänger des Shiva-Kultes waren die Könige der Cola-Dynastie. Ihr Einfluß zu Beginn des 11. Jahrhunderts war so stark, daß bald die Macht der Gangas versiegte und sich viele Herrscher Süd-Indiens vom Jainismus abwandten, um fortan dem Shivaismus zu huldigen. Ein anderer Feind der Jainas war die zur Mitte des 12. Jahrhunderts von dem Brahmanen Basava gegründete shivaistische Gemeinschaft der Lingayats, die mit großem Fanatismus gegen die Jaina-Gemeinden vorging, ihre Heiligtümer verwüstete und an deren Stellen Shiva-Tempel errichtete.

Der Jainismus unter islamischer Herrschaft

Doch dann drohte von Westen auch den Shiva-Anhängern ein furchtbarer Feind: die islamischen Eroberer. Schon 712 hatten Mohammedaner im Indus-Tal einen Gottesstaat errichtet. Im Jahre 1001 rückte Mahmud von Ghazni mit großem religiösen Eifer und fanatischem Haß gegen die Religionen

Indiens in das Gangesland ein und zerstörte so viele Tempel, wie er nur konnte. Zwischen 1017 und 1018 eroberte das Heer Mahmuds die Stadt Mathura, verwüstete alle Heiligtümer, zerschlug sämtliche Bildwerke, plünderte die Häuser und brannte schließlich die gesamte Stadt nieder. Rund 150 Jahre später eroberte Mohammed von Ghur das nördliche Indien. Nach seiner Ermordung im Jahre 1206 übernahm Kutab-ud-din Aibak die Macht in Nord-Indien und begründete das Sultanat von Delhi. Auch der Süden Indiens blieb von fanatischen Mohammedanern nicht verschont, so daß um 1200, begünstigt durch lokale Machtkämpfe, die Herrschaft der Colas und Calukyas zerbrach. Zwischen 1297 und 1298 zog dann Ala-ud-din Muhammad Shah Khilji durch Gujarat und zerstörte Heiligtümer oder verwandelte sie in Moscheen, raubte Tempelschätze und verbrannte heilige Bücher.

Der Buddhismus war schon um die Jahrtausendwende aus dem Süden Indiens verschwunden und auf die großen Klosteruniversitäten in Bihar und Bengalen zurückgedrängt worden. Die Zerstörung dieser letzten buddhistischen Institutionen auf dem Subkontinent durch die Moslems fügten dem indischen Buddhismus den endgültigen Todesstoß zu. Die Jainas jedoch, die nicht auf wenige Institutionen zentralisiert waren, konnten ihre Kultur durch die islamische Herrschaft hindurch retten. Sie verlegten ihr Gemeindeleben in den Untergrund und verbargen Kultgegenstände und heilige Schriften in unterirdischen Gewölben, von denen nur Eingeweihte Kenntnis hatten. Darüber errichteten sie Kultstätten, die von Moscheen nicht zu unterscheiden waren.

Von den rajputischen Fürstentümern (auf dem Gebiet des heutigen Rajasthans) leistete vor allem Mevar den Moslems erbitterten Widerstand. Mevar gab sich auch trotz der empfindlichen Niederlagen zur Moghul-Zeit nicht geschlagen und ertrotzte schließlich im Jahre 1681 seine endgültige Unabhängigkeit. Die Ranas von Mevar waren dem Jainismus stets freundlich gesinnt, hatten sie doch unter den Jainas viele hervorragende Staatsbeamte, die den Rajputen-Herrschern in jeder Hinsicht ihre Loyalität erwiesen. Zur Zeit des Moghul-Kaisers Akbar (1556 bis 1605) fand dann auch die Unterdrückung des Jainismus im übrigen Nord-Indien ein Ende. Auf Veranlassung des Jaina-Gelehrten Hiravijaya erließ Akbar 1593 ein Edikt, nach welchem die heiligen Berge Abu in der Aravali-Kette, Girnar und Shantrunjaya in Gujarat, Sametashikhara in Bihar und viele andere heilige Orte den Jainas als Kultstätten zugesichert wurden.

Reformbewegungen

Während der britischen Herrschaft begann dann eine indienweite Sammlungsbewegung aller Jainas, unabhängig welcher Konfession zugehörig. Unzählige interkonfessionelle Organisationen entstanden, die Konferenzen zur Reorganisation des Jainismus abhielten, wissenschaftliche Jaina-Zentren begründeten, Bücher und Zeitschriften in indischen Sprachen und in Englisch herausgaben, alte Texte neu veröffentlichten, Tempel sanierten, Studenten ausbildeten, Witwen- und Waisenhäuser erbauten, Tierhospitäler einrichteten, Tierschutz und Vegetariertum propagierten, Frauen- und Studentengemeinschaften gründeten und durch mannigfache Aktivitäten mehr die große, gespaltene Gemeinschaft des Jainismus wieder einander näherbrachten, so daß sich heutzutage die beiden Konfessionen der Jainas mehr auf das besinnen, was sie vereint, und das, was sie trennt, nur noch von untergeordneter Bedeutung ist.

Der Digambara-Heilige Shanti Sagar tat vieles, um bei den Briten eine allgemeine Anerkennung der religiösen Gebräuche des Jainismus zu erwirken. Seit seiner Zeit ist auch wieder das Nacktgehen bei den ordinierten Oberen der Digambaras üblich geworden, das unter den Asketen dieser Konfession eine jahrhundertelange Tradition hatte, aber während der islamischen Herrschaft streng verboten war. Schüler und Nachfolger des Shanti Sagar war Jnana Sagar. Und der Schüler seines Nachfolgers Vidya Sagar ist der 1956 geborene Muni Shri Sudha Sagar.

S. H. Muni Shri Sudha Sagar mit seinem Gefolge

„In ihm sehen wir heute unser Oberhaupt", meint Naveen.

„Trifft das auch auf die Shvetambaras zu?", möchte ich wissen.

Er zögert eine Weile.

„Auch die meisten Shvetambaras verehren heute Muni Shri", sagt er dann. Wir haben zusammen in einem Restaurant zu Abend gegessen. Nun will mich Naveen noch zu seinem Vater bringen und mir wichtige Schriften für meine Arbeit mitgeben.

Auf der Straße ist es jetzt ruhig. Nur ein paar Motorroller und Rikschas fahren noch. Sämtliche Läden im Chandpol-Basar sind geschlossen und die Verkaufsstände weggeräumt. Die Reklameschilder über den heruntergelassenen Jalousien werden von bunten Lichtergirlanden beleuchtet. Kurz vor dem Stadttor biegen wir in einen engen Durchgang ein und stoßen genau auf den Häuserblock, in dem sein Vater wohnt.

Ein steiler, schmaler Treppenstieg. Wir kommen zu einem Korridor, der, wie ich erstaunt feststelle, keine Tür besitzt und auch durch nichts anderes verschließbar zu sein scheint. Naveen bittet mich, einen Augenblick zu warten und inzwischen die Sandalen auszuziehen. Er geht hinein. Ich höre, wie er mit jemandem spricht. Dann ruft er mich.

Der quadratische Raum, den ich betrete, ist unmöbliert. In der linken und rechten Wand eine Tür. Links des Eingangs ist ein Schrank in die Wand eingelassen. Dann fällt mir auf, daß der Raum auch keine Fenster hat. Auf dem Boden sind Sitzpolster ausgebreitet. Dort haben sich etwa ein Dutzend Leute niedergelassen, Männer und Frauen. In der linken hinteren Ecke kauert Naveens Vater, in eine Decke gehüllt.

Wir begrüßen uns mit gefalteten Händen. Man bittet mich, Platz zu nehmen.

Dann beginnen sie, mich dezent und vorsichtig auszufragen, woher ich komme, wie ich heiße, was meine Tätigkeit sei. Naveen ist nach nebenan gegangen. Ein Junge bringt ein Tablett mit dampfenden Teegläsern herein.

„Ich finde es gut", sagt Naveens Vater, „daß Sie über uns schreiben wollen. Aber Sie brauchen genaue Kenntnisse von unserer Tradition."

Naveen bringt einen Stapel Bücher und Zeitschriften, die sein Vater dann sortiert. Schließlich bekomme ich eine große Beuteltasche mit Schriften hingereicht. Ich frage nach den Preis. Doch davon will Naveens Vater nichts wissen. Ich gebe ihm wenigstens einen 20-DM-Schein.

„Den werde ich nicht ausgeben", sagt er. „Das ist ein Andenken an Sie."

Danach fährt mich Naveen mit dem Motorroller zu meinem Hotel. Ich will ihn noch zu einem Tee einladen, er möchte aber nach Hause zu seiner Familie, es sei schon spät. Nachdem wir uns verabschiedet haben, sagt er noch: „Ich glaube, aus Ihnen wird einmal ein hingebungsvoller Schüler des Jainismus werden."

„Es wäre der erste in Deutschland", erwidere ich lachend.

III. Shravana Belgola — Sitz der Digambaras

Rund 110 Kilometer westlich von Bangalore, der Hauptstadt des indischen Bundesstaats Karnataka, liegt die Kleinstadt Shravana Belgola, Sitz der obersten Autoritäten der Digambara-Konfession. Shravana (eigentlich Shramana) ist das Sanskritwort für einen buddhistischen und jainistischen Bettelmönch; Belgola (oder Biligola) kommt aus der kanaresischen Sprache Süd-Indiens und bedeutet „weißer Teich". Damit ist das große Wasserbecken inmitten des Ortes gemeint.

Shravana Belgola hat 5000 Einwohner und wirkt ein wenig verschlafen, ideal zum Ausspannen. Die Aktivitäten jedoch, welche von hier durch die Digambaras ausgehen — überwiegend von frommen Spenden der Pilger finanziert, die alljährlich den Ort besuchen — sind enorm und höchst beachtenswert. Ein großer Teil der Spendengelder kommt karitativen Zwecken zugute. So wurden beispielsweise mobile Hospitäler geschaffen mit unentgeltlicher medizinischer Betreuung in Katastrophenfällen. Es werden Grundschulen und medizinische und polytechnische Fachschulen gefördert, Kindergärten und Ashrams unterstützt, Hilfsgüter an Arbeitslose und Behinderte verteilt und mittellosen Studenten Uniformen — ohne die an den meisten Universitäten Indiens ein Studium nicht möglich ist — zur Verfügung gestellt. Der andere Teil der Gelder, die jährlich zusammenkommen, wird für die Renovierung von Tempeln ausgegeben und für die Publikation von Büchern, Zeitschriften und die Unterhaltung wissenschaftlicher Forschungszentren verwendet.

Der älteste Jaina-Tempel von Shravana Belgola ist Bhandara Basadi, im Jahre 1159 vom General und Schatzmeister Hullanayya des Königs Narasimha I der Hoysala-Dynastie gestiftet. Der Tempel bildete damals das Zentrum der Stadt, die, wie aus einer Inschrift hervorgeht, zu jener Zeit Gommatapura (Gommata-Stadt) hieß. Gommata (auch Gommateshvara) ist ein anderer Name für den Heiligen Bahubali, dessen kolossales Standbild rund 180 Jahre vor der Stiftung von Bhandara Basadi — während der Herrschaft der Ganga-Dynastie — auf einem der Berggipfel oberhalb des Ortes errichtet worden war.

Die Herrscher der Hoysalas waren bis König Bittideva (1141 gest.) fromme Jainas. Die ihm nachfolgenden Monarchen huldigten zwar dem Vishnu-Kult, blieben aber im großen und ganzen auch dem Jainismus freundlich gesinnt.

Bhandara Basadi beeindruckt vor allem durch seine monumentale Großquaderbauweise. Die gewaltigen Granitblöcke, die für den Bau des Tempels verwendet wurden, sind auf das sorgfältigste bearbeitet und fast fugenlos und ohne Mörtel zusammengefügt. Vor dem Tempel weitet sich ein Platz mit einem Manastambha. Als interessantes Detail ist ein Relief über dem Eingang des Heiligtums zu nennen, das einen zwölfarmigen, tanzenden Indra darstellt. Der Tempelsaal, in dem man durch eine offene Säulenhalle gelangt, ist düster und wirkt unheimlich; nur durch die beide schmalen Seitenpforten fällt spärlich Licht herein. Im sich anschließenden Sanktuarium sind Bildtafeln aus schwarzem Gestein mit den Reliefs der 24 Tirthamkaras in aufrecht stehender Haltung installiert. Das gesamte Heiligtum wird von einer Mauer aus mächtigen Granitquadern umschlossen.

Gleich in der Nähe von Bhandara Basadi befindet sich Matha, die Zentrale der Digambara-Konfession. Es ist ein kleines Kloster, in welchem vor allem jene Wandmalereien aus dem 17./18. Jahrhundert, die u. a. die Geschichte des Tirthamkara Parshvanatha und des Cakravartin Bharata erzählen, von Interesse sind.

Von hier aus führen die Gassen fast schnurgerade hinüber zum Tempel Akana Basadi am nordöstlichen Stadtrand. Dieses zwar kleine, aber äußerst imposante Heiligtum wurde im Jahre 1181 von der Gemahlin des Hoysala-Herrschers Vira Ballas II gestiftet. Eine Hofmauer trennt den Tempelkomplex von der Straße ab. Links nach dem Portal eine schlichte Kapelle mit einer Bildtafel des Parshvanatha, aufrecht auf einem Lotos stehend. Der Haupttempel ist im Shikhara-Stil gehalten und von feiner Detailgestaltung; vor allem beeindruckt die kleine offene Eingangshalle mit den beiden Säulen und dem Deckenornament. Die Säulenvierung der Haupthalle besteht aus schwarzem Marmor und ist virtuos gearbeitet. Darüber ein Deckenornament, das eine Lotosblüte darstellt. In der Altarnische befindet sich eine Bildtafel des Parshvanatha in aufrecht stehender Haltung, davor schöne Yaksha- und Yakshini-Statuen.

Von Akana Basadi geht ein Weg ins nahe Dorf Jinanathapura. Der Jaina-Tempel Shantishvara inmitten des Ortes, der um 1200 von dem General Recana gestiftet wurde, stellt mit seinen kunstvoll gearbeiteten Toren, Deckenornamenten und Figuren den Höhepunkt der Bildhauerkunst während der Hoysala-Zeit dar.

Die Einwohner von Shravana Belgola bekennen sich fast ausnahmslos zum Jainismus nach der Digambara-Tradition. Beinahe jedes zweite Haus ist ein Upashraya. Am Morgen und in den Abendstunden finden Pujas in den Tempeln statt, und ab und zu ziehen kleine Prozessionen durch die Gassen und Straßen.

Luftgekleidete und Weißgekleidete

Die Digambara-Richtung ist keineswegs nur auf den Süden Indiens beschränkt. Große Gemeinschaften dieser Konfession sind ebenso im Norden anzutreffen, wie etwa die Terapanthis in Agra, die ihr eigenes Oberhaupt haben. Andere bedeutende Digambara-Gemeinschaften gibt es in Delhi, in Jaipur und am heiligen Berg Sametashikhara in Bihar.

Kaiser Candragupta

Um nun die Umstände zu beschreiben, die zur Entstehung der Digambara-Richtung des Jainismus geführt haben, ist es notwendig, noch einmal den Faden der Geschichtserzählung im vorangegangenen Kapitel kurz aufzunehmen. Dort wurde gesagt, daß zur Zeit des Heiligen Bhadrabahu – des letzten Jainas, der noch über Kenntnisse des vollständigen Kanons verfügte – in Magadha eine Hungersnot ausgebrochen war. Dies war um das Jahr 310 v. Chr. Zehn Jahre zuvor hatte Candragupta die Nandas, aus deren Haus insgesamt neun Herrscher über Magadha hervorgegangen waren, entmachtet und die Maurya-Dynastie begründet. In einem Feldzug nach Westen vernichtete Candragupta die Reste des Heers von Alexander des Großen – der zur Zeit der Nandas nach Indien einzudringen versucht hatte – und richtete damit die Herrschaft der Mauryas über das Indus-Tal auf. Alle Monarchen vor ihm waren der Jaina-Lehre wohlwollend gesinnt gewesen; Candragupta aber, von dem gesagt wird, daß er von seinem Kanzler Canakya zum Jainismus bekehrt worden sei, wurde ein ganz besonderer Schutzpatron der Gemeinden der Jainas.

Von der schrecklichen Hungersnot, die über Magadha hereinbrach, wurden auch die Jainas schwer getroffen. Viele Laienanhänger sahen sich außerstande, die große Zahl von Mönchen und Nonnen zu ernähren, die ihrerseits unter diesen Umständen nicht mehr in der Lage waren, sich konsequent an ihre Gelübde zu halten. Bhadrabahu, dem damals die Gemeinden unterstanden, entschloß sich deshalb, mit einer Gruppe von 1200 Ordinierten auszuwandern, um so einen Teil der Last von den Laienanhängern in Magadha zu nehmen. Er übergab die Führung der Gemeinden in der Heimat seinem Schüler Sthulabhadra, zog mit seinen Anhängern nach Süden und fand im Karnata-Land zwischen zwei schroffen Granitbergen, die aus der weiten Ebene ragten, eine neue Bleibe. Dort sollte später die Stadt Shravana Belgola entstehen.

Während der Hungersnot hatte auch der fromme Candragupta sein Amt als Herrscher niedergelegt, war den Mönchen um Bhadrabahu in den Süden gefolgt und schließlich selbst Asket geworden. In einer kleinen Felsenhöhle auf einem der beiden Granitberge meditierte er bis zu seinem Tod um 298 v. Chr. Später wurde dieser Berg nach ihm Candragiri benannt.

In Magadha hatte Candraguptas Sohn Bindusara die Regierungsgeschäfte übernommen. Über ihn ist wenig bekannt. Wir wissen nur, daß er sechzehn Frauen hatte und als unumschränkter Despot regierte. Etwa zwischen 273 und 268 v. Chr. bestieg dann der Sohn des Bindusara den Thron von Magadha. Der Name dieses Kaisers ist in den Überlieferungen der Buddhisten, wie der Jainas, mit goldenen Lettern verzeichnet: Ashoka Vardhana. Es lohnt sich, zunächst ein wenig bei diesem interessanten Monarchen der indischen Geschichte zu verweilen.

Kaiser Ashoka

Ashoka war als junger Mann Gouverneur von Taxila in der Indus-Region gewesen. Ein paar Jahre nach seiner Inthronisierung in Magadha zog er gegen Kalinga an der indischen Ostküste (heute Orissa) zu Felde. Dieser Krieg war der furchtbarste, den der Indische Subkontinent bis dahin erlebt hatte. Es heißt, daß 100.000 Soldaten in den Kampfhandlungen gefallen sind, und die Zahl der Toten unter der Zivilbevölkerung soll sogar noch höher gewesen sein; 100.000 Menschen hat man nach dem Krieg deportiert. Im Grunde hatte Ashoka nur konsequent die Expansionspolitik seiner Vorgänger fortgesetzt. Man sagt auch, daß er nach der Thronbesteigung 25 seiner männlichen Verwandten ermorden ließ und 500 ihm unliebsame Staatsbeamte aus dem Weg geräumt habe, weshalb er auch „Ashoka, der Tyrann" genannt wurde. Doch nun, während des Feldzugs gegen Kalinga, geschah es zum ersten Mal, daß ein Monarch die Schrecken des Krieges hautnah miterlebte. Die grausigen Bilder der Schlachtfelder schnitten sich tief in Ashokas Bewußtsein ein und ließen ihn nicht mehr los, solange er lebte. Er war zutiefst erschüttert von dem Leid, das er verursacht hatte, schwor jeglicher Gewalt ab und zog sich aus dem öffentlichen Leben zurück. Dabei fand er zum Buddhismus. Zwei Jahre nach dem Krieg gegen Kalinga begab sich Ashoka dann auf eine 256tägige Wallfahrt zu den heiligen Plätzen der Buddhisten; u. a. besuchte er Lumbini, den Geburtsort des Buddha im heutigen Nepal, und Sarnath, jenen Ort, wo Buddha die Vier Erhabenen Wahrheiten verkündet hatte. Zurück in der Residenz Pataliputra, organisierte Ashoka ein großes buddhistisches Konzil und bekannte sich öffentlich als Laienanhänger der Lehre des Buddha.

Obwohl Ashokas Herrschaft in Magadha von außen wie von innen stets gefährdet war — vor allem die Brahmanen waren erbitterte Gegner des Kaisers und trachteten ständig danach, ihn zu Fall zu bringen, außerdem wurde das Reich von wilden Stämmen an seiner Peripherie bedroht —, gelang es Ashoka dennoch, das Ideal seiner neuen Politik zu behaupten: den absoluten Pazifismus. Dem Inder gilt Ashoka als der größte und weiseste Herrscher seiner Geschichte. Man findet den Namen des Kaisers noch heute überall in Indien: Straßen, Plätze und öffentliche Einrichtungen sind nach ihm benannt, und das Löwenkapitell jener Gedenksäule, die Ashoka einst im heiligen Sarnath gestiftet hatte, wurde zum Staatssiegel der Republik Indien erhoben.

Nach außen verfolgte Ashoka eine Politik der friedlichen Koexistenz; er sandte Diplomaten in alle ihm bekannten Länder und forderte die Herrscher auf, sich seinem Ideal anzuschließen. Und was seine Innenpolitik betraf, so sah er sich selbst als obersten Diener seines Volkes. Dies kam in seinen insgesamt vierzehn Edikten zum Ausdruck, die er als eine Art Verfassung ausgearbeitet hatte und überall im Land in Felsen und Stelen meißeln ließ. Diese

Edikte beinhalteten den Schutz allen Lebens, Ökologie, Gesundheitswesen, Religionsfreiheit und mehr.

Mit dem sechsten Edikt wandte er sich an seine Beamten: „In der Vergangenheit haben sich die Herrscher lange Zeit geweigert, zu jeder Stunde des Tages über Staatsangelegenheiten zu entscheiden oder Bittsteller zu empfangen. Ich aber erlasse den Befehl: Ob ich mich bei einer Mahlzeit befinde oder in den Frauengemächern bin, ob ich in meinem Gemach oder in meiner Menagerie bin, ob ich in einem Wagen fahre oder in meinen Lustgärten bin — Beamte mit Bittgesuchen an mich, die die Regierung des Volkes betreffen, sollen zu jeder Stunde und an jedem Ort Einlaß finden. Wenn dies der Fall ist, werde ich für meinen Teil über die Angelegenheiten, die das Volk betreffen, entscheiden, wo immer ich auch bin."

Mit dem siebten Edikt garantierte er allen Gläubigen in seinem Land die freie Ausübung ihres Glaubens. In dem Edikt hieß es: „Meine Gesetzesminister beschäftigen sich auch mit mancherlei Gnadensachen, sowohl denen, welche die Asketen angehen, als auch denen, welche die Hausväter angehen, und sie beschäftigen sich auch mit allen Glaubensgenossenschaften. Ich habe es so eingerichtet, daß sie mit den Angelegenheiten des Sangha[1] beschäftigt sein werden; gleichfalls habe ich es so eingerichtet, daß sie mit den Brahmanen und auch mit den Ajivikas[2] beschäftigt sein werden; ich habe es so eingerichtet, daß sie mit den Niganthas[3] beschäftigt sein werden; ich habe es so eingerichtet, daß sie mit den verschiedenen Glaubensgenossenschaften beschäftigt sein werden."

Durch die Politik der Religionsfreiheit Ashokas konnte sich nun der Jaina-Glaube frei über den gesamten indischen Norden ausbreiten.

Auf Grund der großen Gunst, die Ashoka den Jainas erwiesen hatte, verehren sie ihn bis auf den heutigen Tag wie einen Heiligen; sie glauben sogar, daß Ashoka in einer späteren Weltperiode einmal als Tirthamkara wiedergeboren werden wird.

---

1 *d. h. die buddhistische Mönchsgemeinde*
2 *die Anhänger des Asketen Gosala, ein Zeitgenosse Buddhas und Mahaviras*
3 *damit sind die Jainas gemeint*

Das große Schisma

Als sich die Verhältnisse um 300 in Magadha unter der Regierung von Ashokas Vorgänger merklich zu bessern begannen, beriefen die Jainas in Pataliputra ein Konzil ein, das sich über Jahre, bis in die Amtszeit Ashokas, hinziehen sollte. Die Not während Candraguptas Herrschaft hatte das Gemeindeleben schwer belastet; die Tugenden waren verfallen, und auch mit der Überlieferung der heiligen Texte war man nachlässig umgegangen. Das Konzil in Pataliputra sollte deshalb hauptsächlich dem Zweck dienen, den heiligen Kanon neu zu sammeln. Doch bald schon stellte sich heraus, daß es nicht mehr möglich war, den vollständigen Kanon zusammenzubringen. Nur der greise Bhadrabahu, der seinerzeit einen Teil der Gemeinde nach Süd-Indien geführt hatte und nun in Nepal verweilte, um dort in der Einsamkeit zu meditieren, verfügte noch über genaue Kenntnis der verlorengegangenen Werke. Daher schickte man zwei Mönche zu ihm mit der Bitte, auf dem Konzil in Pataliputra zu erscheinen. Doch Bhadrabahu sah sich außerstande zu solch einer Reise; er erklärte sich aber bereit, seinem Schüler Sthulabhadra die betreffenden Texte zu vermitteln. Nun sandte man eine Delegation aus 500 Mönchen unter der Leitung des Sthulabhadra zu dem Heiligen nach Nepal. Dieser lehrte auch seinem Schüler alle der Gemeinde verlorengegangenen Werke; aus uns unbekannten Gründen aber verbot er, die Texte vollständig dem Konzil zu übermitteln, so daß der Kanon am Ende doch ein Fragment blieb.

Auch aus dem Süden kam schließlich eine Abordnung von Mönchen zum Konzil in Pataliputra. Als diese jedoch den fragmentarischen Kanon begutachtet hatten, lehnten sie ihn kategorisch als eine Verfälschung der Jaina-Lehre ab. Und noch andere Differenzen zwischen der Gemeinde von Magadha und den Emigranten traten in Pataliputra zu Tage. Jene aus Süd-Indien nämlich hielten sich noch immer streng an die Gelübde und gingen nackt; die in Magadha dagegen bekleideten sich mit weißen Gewändern und nahmen die religiösen Vorschriften nicht mehr so ernst. Und mit der Zeit wurde deutlich, daß zwei unterschiedliche Ausdrucksformen des Jainismus entstanden waren: die Digambaras („Luftgekleidete"), die nackt gingen und alle Gelübde des Mahavira befolgten, und die Shvetambaras („Weißgekleidete"), die das Nacktgehen aufgegeben und eine freiere Auffassung bezüglich der Gelübde entwickelt hatten.

In der Folgezeit entstand im Süden, wo sich einst Bhadrabahu und Candragupta niedergelassen hatten, ein großes Zentrum der Digambara-Jainas. Und im Laufe der Jahrhunderte verlagerte sich der Schwerpunkt des Jainismus im Norden in die Region der heutigen Bundesstaaten Rajasthan und Gujarat. Hier entstanden die großen Zentren der Shvetambaras. Mit einem Konzil im 6. Jahrhundert in der Stadt Valabhi/Gujarat trennten sich die Shvetambaras dann endgültig von den Gemeinden im Süden und besiegelten damit das große Schisma in der Geschichte des Jainismus.

Für die Shvetambaras besitzt der im 3. Jahrhundert v. Chr. in Pataliputra während des Konzils gesammelte und in Valabhi in die endgültige Fassung gebrachte Kanon noch immer Autorität. Von den Digambaras wird dieser Kanon jedoch nach wie vor abgelehnt; sie besitzen ihre eigene Schriftensammlung, die, nach ihrem Verständnis, auf den Werken des Originalkanons basiert.

Der heilige Berg Vindhyagiri

Die Berge Candragiri und Vindhyagiri, zwischen die eingebettet Shravana Belgola liegt, gelten den Digambaras als heilig. Diese Berge sind auch für die Erforschung der Geschichte des Jainismus höchst bedeutsam, fand man doch auf ihnen und in ihrer engeren Umgebung rund 580 Inschriften.

Der Berg Vindhyagiri erinnert aber vor allem durch die gewaltige Statue, die seinen Gipfel krönt, an eine eigenartige Legende aus grauer Vorzeit — nämlich an die Geschichte des Heiligen Bahubali.

Bahubali und Bharata

Im vorangegangenen Kapitel wurde schon von Rishabha, dem ersten Tirthamkara, berichtet. Als Monarch hatte er zwei Frauen geheiratet, Sumangala und Sunanda. Letztere schenkte ihm den Sohn Bahubali und die Tochter Sundari. Sumangala aber war sehr fruchtbar. Sie gebar den Sohn Bharata und

Der heilige Berg Vindhyagiri im Morgenlicht

danach noch 98 Zwillingssöhne und die Tochter Brahmi. Nun muß man beachten, daß in der damaligen Epoche der Weltperiode — so, wie es sich in den Überlieferungen der Jainas darstellt — die Menschen eine sagenhafte Lebenserwartung hatten, weshalb es gar nicht ungewöhnlich war, wenn eine Frau so viele Kinder zur Welt brachte. Die beiden erstgeborenen Söhne heirateten ihre Halbschwestern, d. h. Bahubali die Brahmi und Bharata die Sundari. Bharata erbte dann den Thron Rishabhas, nachdem dieser Tirthamkara geworden war. Als Cakravartin eroberte Bharata ein riesiges Reich und forderte auch seine 98 Brüder und seinen Halbbruder Bahubali auf, sich zu unterwerfen. Diese jedoch empfanden die Forderung als ungerechtfertigt, denn ihr Vater Rishabha hatte einem jeden von ihnen ein eigenes Königreich zugewiesen. Die Zwillinge gingen deshalb zu Rishabha und fragten ihn, ob denn die Forderung des Bharata rechtens sei, ob sie ihm gehorchen oder um ihre Macht und Besitztümer kämpfen sollten. Da predigte Rishabha die Lehre des Jainismus, worauf seine 98 Zwillingssöhne die Nichtigkeit alles irdischen Machtstrebens erkannten und der Welt entsagten. Ihre Ländereien wurden darauf dem Reich des Bharata angegliedert. Nun blieb nur noch Bahubali, der im Westen, in der Gegend des späteren Taxila, über ein kleines Fürstentum gebot und nicht bereit war, sich der Herrschaft seines Halbbruders zu ergeben. Ein Konflikt war unausweichlich. Als sich dann die Heere von Bharata und Bahubali auf dem Schlachtfeld gegenüberstanden, erkannten die beiden

Halbbrüder, wie unsinnig es ist, miteinander Krieg zu führen, und Bahubali unterbreitete den Vorschlag, den Konflikt nur zwischen sich und Bharata durch eine Disputation über ein schwieriges philosophisches Thema, durch einen Blickkampf und schließlich durch einen Faustkampf auszutragen. Dem Sieger sollte das gesamte Reich gehören. Bharata willigte ein. Doch bald schon erwies er sich als der Schwächere der beiden, und er wurde schließlich in allen drei Disziplinen von seinem Halbbruder geschlagen. Selbst das Cakra, die gefürchtete Waffe eines Cakravartin, die Bharata am Ende noch zur Anwendung brachte, konnte Bahubali nichts anhaben. Und damit hatte jener die Macht über das Reich erlangt. In diesem Augenblick jedoch wurde ihm — ähnlich seinen 98 Halbbrüdern zuvor — gewahr, daß Macht und Reichtum niemals zum Seelenheil führen können. Er schenkte deshalb das Reich dem Bharata und wurde Asket. Und während einer einjährigen Meditation, die er unbeweglich in aufrecht stehender Haltung durchführte, erlangte er die Allwissenheit.

Aus Bharata wurde ein weiser Herrscher. Als Cakravartin verfaßte er die vier Erhabenen Veden (Arya Veda), mit deren Studium die begabtesten Männer des Landes betraut wurden. Diese nannte man dann Brahmanen; sie umgürteten sich mit einer heiligen Schnur, womit sie ihre zweite, d. h. ihre geistige Geburt zum Ausdruck brachten.

Zum Gedenken an seinen Vater Rishabha ließ Bharata auf dem Kailash und auf dem heiligen Berg Shantrunjaya im heutigen Gujarat einen Tempel errichten. Als ihm dann im Alter ein Brillantring vom knochigen Finger fiel, erkannte auch er die Vergänglichkeit und Wertlosigkeit allen irdischen Machtstrebens. Er wurde den Freuden eines Cakravartin überdrüssig und gab die Herrschaft über das Reich aus den Händen, um sich fortan in Meditation zu üben. Von Indra persönlich wurde er zum Mönch geweiht, und es gelang ihm, noch in dieser Existenz alles Karma zu vernichten. Schließlich erlangte er, wie sein Vater Rishabha zuvor, am Kailash die höchste Vollkommenheit.

Auch Bharatas Sohn Marici war Mönch geworden. Zu einer viel späteren Zeit sollte er als Vardhamana wiedergeboren werden und, zum Jüngling herangewachsen, den Ehrennamen Mahavira bekommen und Tirthamkara werden.

Zur Huldigung des Heiligen Bahubali ließ Camundaraya, der, wie im Kapitel zuvor erwähnt, Minister der Ganga-Könige Marasimha II, Racamalla IV und Rakkasa war, um 980 auf dem Vindhyagiri ein gewaltiges Standbild errichten, das in der Welt seinesgleichen sucht. Um diese mächtige Statue ranken sich manche Legenden, wovon gleich noch erzählt wird.

Der Cakravartin Bharata gilt den Indern als eine Art Urvater und wurde von ihnen schließlich zum Namenspatron ihrer Republik erhoben.

Die Tempel des Vindhyagiri

Von Bangalore mit dem Bus kommend, schält sich nach etwa zwei Stunden am Horizont der Berg Vindhyagiri aus dem Dunst. Man erkennt aus der Ferne auch schon den Kopf und die Brust der Statue des Bahubali, die ihn krönt.

Der Vindhyagiri ist ein gewaltiger Monolith. Vom gegenüberliegenden Candragiri gleicht seine Form einem liegenden, halb in die Erde versenkten Ei. An seiner Basis im Osten beginnt ein Treppenstieg, der im Jahre 1130 angelegt wurde. Hinauf zu den Tempeln muß man rund 620 in den Granit geschlagene Stufen überwinden.

Beim Aufstieg bietet sich ein fantastisches Panorama. In der Tiefe die Stadt Shravana Belgola mit dem quadratischen Wasserbecken im Zentrum. Darüber der Berg Candragiri und seine Tempelanlage. Und ringsum Palmenhaine mit Wassertümpeln. Am Ende der Treppe befindet sich rechts der erste Tempel, klein, schmucklos und unscheinbar, aber interessant wegen seines Schreins im Innern. Es ist eine Bildtafel aus schwarzem Gestein mit kunstvollen Reliefs, die drei Tirthamkaras in aufrecht stehender Haltung zeigen, v. l. n. r.: Rishabha, Mahavira und Neminatha, bogenförmig umgeben von kleineren Reliefs der restlichen Tirthamkaras, in Yogaposition auf Lotosblüten schwebend.

Auf einer Freitreppe geht es nun hinauf zum Portal des Tempels Odegal Basadi, der aus dem frühen 14. Jahrhundert stammt. Beeindruckend ist die Monumentalität dieses Bauwerks. Die Wände bestehen aus tonnenschweren Granitblöcken, und jede der vier gewaltigen Säulen des Saales ist aus einem einzigen Monolith gearbeitet. In der Hauptkapelle, dem Portal gegenüber, steht eine Statue des Rishabha, in der linken Kapelle ein Abbild des 16. Tirthamkara Shantinatha und in der rechten eines des 22. Tirthamkara Neminatha. Die Statuen sind in Silber gegossen. Der Saal hat keine Fenster. Nur ein paar flackernde Tempellampen verbreiten einen schwachen Lichtschein. Ein

Mönch leuchtete mir mit einer Laterne in die wie Grotten wirkenden Kapellennischen.

Hinter Odegal Basadi erhebt sich eine Säule, die man Tyagada-Brahma-Devara-Kamba nennt, was wörtlich bedeutet „Säule der Hingabe an Gott Brahma". Eine Treppe aus dem Jahre 1130 führt den Pilger nun zu einem imposanten Steintor, welches einst der Minister Camundaraya aus zwei nebeneinanderstehenden Felsen geschaffen hat. Den Sturz schmückt ein Paneel mit einem Abbild der Göttin Lakshmi. Der vorstehende Fels zur Linken ist mit schönen Reliefs überzogen. Das Tor wird von zwei Kapellen flankiert, die linke dem Bahubali, die rechte dem Bharata geweiht. Rechterhand, über dem Abgrund, erhebt sich ein Manastambha. Der Tempel dort ist außer Betrieb.

Auf der Treppe hinter dem Steintor gelangt man zu einem Platz, wo sich ein Pavillon aus Granitblöcken erhebt, den im Jahre 1117 der General Gangaraja errichten ließ. Die Aufschrift über dem Portal nennt den Namen Shri Sita Bagwan; leider ist mir die Bedeutung dieser Figur unbekannt.

Dann eine weitere Treppe. Davor eine Bildsäule mit einer Figur der Göttin Kushmandini, die eine geheimnisvolle Rolle in der Geschichte des Tempelberges spielt.

Die Treppe führt in eine Säulengalerie. Und dahinter erhebt sich endlich die Statue des Bahubali. Sie ist zwischen 18 und 20 Meter hoch, um die Hüfte etwa 4 Meter breit und zeigt den Heiligen als nackten Asket während seiner Meditation im Stehen. Das Haupt wendet Bahubali nach Norden, neben seinen Füßen zwei Ameisenhügel, aus denen Schlingpflanzen wachsen und sich um seinen Körper ranken. Um den Rücken der Statue verläuft ein Wandelgang mit zahlreichen Bildtafeln der Tirthamkaras in aufrecht stehender Haltung. Auch eine schöne Statue des Mahavira in Yogaposition befindet sich darunter. Am Anfang des Gangs eine Kapelle der Kushmandini und am Ende eine Nische mit einer Figur des 8. Tirthamkara Candraprabha aus hellem Marmor. Ringsum, über den Galerien, sind kleine Kapellen angebracht, mit Figuren jener Gottheiten, die in irgend einer Beziehung zu der mythischen Geschichte des Berges stehen. Dem Bahubali gegenüber beispielsweise, oberhalb der Säulen, erscheint links Kushmandini und gleich neben ihr die Padmavati, jene beiden Göttinnen, die den Legenden nach Minister Camundaraya erschienen, um ihm das Geheimnis des Berges zu verraten, wovon gleich noch zu lesen sein wird. Rechts der beiden Göttinnen schließen sich Figuren der Devindra, Lakshmi und Sarasvati an.

Das Geheimnis der Statue

Begeistert schrieb einst Fergusson über diese Statue des Bahubali auf dem Berg Vindhyagiri: „Außerhalb Ägyptens gibt es nichts Größeres und Imposanteres als sie, und selbst dort überragt sie keine bisher bekannte Statue an Höhe." Und: „Er ist der ideale Asket, der in seiner Meditation stand, bis Ameisenhügel neben seinen Füßen und Schlingpflanzen um seine Glieder wuchsen."

Prof. S. K. Ramacandra Rao schreibt:

„Es ist unmöglich, diese grandiose Statue in Worten zu beschreiben, sie genau und vollständig zu fotografieren oder akkurat ihre eigentlich Höhe zu messen. Mehrere haben schon probiert, eine Messung von der genauen Höhe und den Proportionen des Monoliths zu machen ... Und man versteht es eigentlich nicht, wie solch abweichende Meßergebnisse zustande kommen konnten ...

Das Standbild des Asketen, der in der traditionellen Kayotsarga-Position (Pratima Yoga) aufrecht steht, unnachgiebig und ehrwürdig, wird beherrscht von einem ruhigen Antlitz — schon ein großartiges Kunstwerk für sich —, auf welchem ein leichtes

Standbild des Heiligen Bahubali auf dem Vindhyagiri

Lächeln erscheint. Der Heilige ist vollkommen nackt, die Arme hängen ganz natürlich herab, ohne eine Spur von Steifheit. Die Schultern sind breit und kräftig, und das Haupt, das sich darüber erhebt, ist von Erhabenheit gezeichnet. Das schön modellierte Antlitz wird gekrönt von einer flachen Haube aus Ringellöckchen, fein und kunstvoll gearbeitet.

Die Darstellung ist anatomisch perfekt, ja sogar die Beschaffenheit der Haut bringt hier das Medium Stein zum Ausdruck. Die Frische des Monoliths ist beachtenswert, seit 1000 Jahren freistehend, ganz und gar unverhüllt, allen Launen der Witterung ausgesetzt: es erscheint wahrlich als ein Werk von Vollkommenheit. Die gemeißelte Oberfläche des Gesteins ist, trotz des stetig dem Klima Ausgesetztseins, nicht nachgedunkelt oder verfärbt. Welcher Oberflächenbehandlung man die Statue, nachdem sie der Bildhauer vollendete, eventuell ausgesetzt hat, können wir noch nicht einmal vermuten."

Auch manche Inschrift um Shravana Belgola schwärmt von der Figur:

„Ist ein Standbild erhaben, so muß es noch nicht von Schönheit sein; ist es voller Schönheit, so muß es noch nicht mit übernatürlichen Kräften versehen sein. Erhabenheit, wahre Schönheit und gewaltige übernatürliche Kräfte sind hier vereint — und in welch verehrungswürdiger Form! Vergleichbar nur Ihm selbst, dem Gommateshvara!"

„So die himmelgekleidete Figur noch immer da steht
Ungeachtet der dahingegangenen Jahrhunderte und Dynastien
Und der betenden und verehrenden Millionen und aber Millionen,
    die gehuldigt seinen Füßen!"

„Nicht unbeabsichtigt fliegen die Vögel über den Koloß — sondern aus Ehrfurcht, die Gommata bei allen Beflügelten innehat!"

„Maya, der Himmelskünstler, versuchte, etwas dem Koloß Vergleichbares zu errichten — und scheiterte! Indra, der tausendäugige Anführer der Götter, versuchte, sich eine vollständige Umsicht des Kolosses zu verschaffen — und scheiterte! Shesha, der die Erde tragende Drache, versuchte, mit seinen 1000 Zungen einen allumfassenden Lobgesang auf das herrliche Standbild anzustimmen — und scheiterte!"

„Das Haus dieses Kolosses ist einzigartig. Der Unterbau ist die Welt des Drachens; der Fußboden ist die Weite der Erde; das Firmament bildet das Dach, und die Sterne sind der herabhängende Kronleuchter; die vier Himmelsrichtungen aber sind die vier Wände!"

„Einzigartig ist er in seiner Schönheit! Unvergleichlich ist seine Tapferkeit!

Er bezwang den Cakravartin des Weltenreichs, den Besitzer des Cakras. Und in seiner Großmut gab er zurück die ganze Welt, die ihm war. Und sein Asketentum ist ohnegleichen: Er war nur bedeckt vom Luftraum, bis hinunter zu seinen Füßen. Und mehr besaß er nicht. Er ist der Held, der auseinandertrennte den Fallstrick des Karmas — und sich freistand!"

Das für das Bildwerk verwendete Material war ein riesiger Gneisblock von hervorragender Qualität. Nach vorsichtiger Schätzung wiegt die Figur etwa 100 Tonnen. Man muß sich nun fragen, weshalb hat Camundaraya zur Huldigung des Heiligen Bahubali, der in der Historie der Tirthamkaras und der anderen Persönlichkeiten dieser Weltperiode höchstens eine Randfigur darstellt, ein solch gewaltiges und großartiges Standbild geschaffen, und weshalb hat er als Standort für dasselbe ausgerechnet den Berg Vindhyagiri gewählt? Man kann es sich auch nicht so recht vorstellen, wie Camundaraya die Aufrichtung dieser Kolossalstatue technisch bewerkstelligt hat. Ganz gewiß würde uns heutzutage, selbst bei Anwendung moderner Mittel, Herstellung, Transport und Installation einer gleichen Statue vor einige Probleme stellen.

Den Legenden nach soll Camundaraya die Statue aber gar nicht selbst angefertigt, sondern lediglich entdeckt und verschönert haben. Diese Geschichten sind geheimnisvoll. Einst, so berichtet eine davon, erzählte ein Kaufmann dem Minister Camundaraya, was sich zwischen Bharata und Bahubali zugetragen hatte. Der Kaufmann erwähnte außerdem, daß Bharata zur Erinnerung an seinen Halbbruder ein Bildwerk hatte anfertigen lassen. Dieses sei lange verehrt worden, mit der Zeit aber in Vergessenheit geraten und heute in einem Berg namens Vindhyagiri verborgen.

Nun muß noch erwähnt werden, daß nach den Vorstellungen der Jainas im Verlauf einer absteigenden Weltperiode — und in einer solchen befinden wir uns ja nach ihren Überzeugungen gegenwärtig — sich nicht nur die Lebenserwartung der Menschen stetig verringert, sondern auch deren Körpergröße. Zu Beginn der Periode waren die Menschen wahre Riesen, während sie am Ende der Periode nur noch die Größe einer Handspanne erreichen werden. Auch in der Epoche des Bharata betrug die Körpergröße der Bewohner von Jambudvipa noch ein Vielfaches der heutigen. Und das bedeutet: Bharata hatte von seinem Halbbruder eigentlich bloß eine Miniatur herstellen lassen, nur eben auf uns, zu einer viele späteren Zeit, wirkt die Statue so kolossal.

Camundaraya war von der Geschichte des Kaufmanns derart beeindruckt, daß er sich sogleich mit seiner Mutter und mehreren Begleitern auf eine Wallfahrt zum Berg Vindhyagiri begab. Dort erschien ihm im Traum die Göttin Kushmandini, welche dem Tirthamkara Arishtanemi als Yakshini dient, und zeigte dem Minister die genaue Stelle auf dem Berg, wo sich die Figur im Gestein verbarg. Darauf spaltete Camundaraya den Fels mit einem goldenen Pfeil, worauf das Abbild des Bahubali in Erscheinung trat. Der Minister ließ danach die Statue vollständig freilegen, restaurieren und schließlich in einer Zeremonie erneut weihen.

Der in der Überlieferung erwähnte Arishtanemi ist mit dem Neminatha identisch. Dieser 22. Tirthamkara dürfte aber eigentlich in der Geschichte gar keine Rolle spielen, denn sein Name steht weder mit der Gegend um Shravana Belgola noch mit der Legende des Bahubali in irgendeiner Verbindung. (Neminatha wurde in Sauripura geboren und erlangte auf dem heiligen Berg Girnar in Gujarat das Nirvana.) Man nimmt deshalb an, daß Arishtanemi (oder Aritto Nemi) der Name jenes Künstlers war, der die Statue auf dem Vindhyagiri im Auftrag des Camundaraya anfertigte. Und ein Mönch erzählte mir sogar, daß man in der Figur der Kushmandini eigentlich die Mutter des Ministers zu sehen hat.

Der Überlieferung nach trug die Mutter des Camundaraya aber den Namen Kalala Devi. Merkwürdigerweise taucht sie in dem legendären Rankenwerk, das sich um die Statue des Bahubali spinnt, immer wieder auf, ohne daß klar wird, welche Rolle ihr als historische Figur eigentlich zukommt. In einer anderen Legende wird erzählt, daß sie eine hingebungsvolle Anhängerin des Jainismus war. Einmal las sie in einem alten Text von einer Statue des Bahubali, die Bharata einst in Paudanapura hatte anfertigen lassen. Kalala Devi erfüllte daraufhin der Wunsch, diese Statue zu sehen, und so brach sie mit ihrem Sohn Camundaraya und einem kleinen Gefolge auf, um das rätselhafte Paudanapura zu suchen. Auf dem Weg kamen sie zum Berg Candragiri, wo sie eine Schar von Jaina-Asketen trafen. (Daß sich damals dort Asketen aufhielten, kann übrigens als historisch gesichert angesehen werden, denn eine Inschrift aus der Zeit des Ganga-Herrschers Shivamara II verrät, daß es schon um 810 auf dem Candragiri eine Einsiedelei gab.) Vor der einstigen Meditationshöhle des Kaisers Candragupta schlugen nun Camundaraya und seine Begleitung das Lager auf. In der Nacht erschien die Göttin Padmavati dem Minister im Traum und versuchte, ihn davon abzubringen, Paudanapura zu suchen, denn der Weg dorthin sei so gut wie unüberwindbar. Ferner offenbarte die Göttin dem Camundaraya, daß einst Rama (eine der Inkarnationen Vishnus) auf dem gegenüberliegenden Berg eine Replik jener Statue von Paudanapura geschaffen habe. Der Minister solle am Morgen einen goldenen Pfeil zu dem Felsblock auf jenem Berg hinüberschießen. Wie ihm geheißen, schoß Camundaraya am Morgen einen goldenen Pfeil auf den besagten Felsblock, der daraufhin auseinanderbrach und die Statue des Bahubali zutagetrat.

Eine dritte Legende, die hier noch erwähnt werden soll, wurde im Jahre 1614 von dem Dichter Panchabana aufgezeichnet. Dort heißt es, daß einst der umherwandernde Jaina-Asket Jinasena Camundarayas Mutter Kalala Devi von dem Standbild in Paudanapura berichtet hatte. Darauf geschah genau das gleiche wie in der vorangegangen Legende berichtet. Als aber Camundaraya den goldenen Pfeil auf den Felsblock abgeschossen hatte, wurde nur der Kopf der Statue sichtbar. Darauf erstieg der Minister den Vindhyagiri und schlug mit einem goldenen Hammer die Figur vollständig frei.

Panchabana erzählt dann weiter, daß Camundaraya über seine Entdeckung sehr stolz war und auch arrogant wurde. Während der Weihung der Statue bekam er diesbezüglich eine Lektion erteilt. Er ließ Hunderte von Schalen mit Milch über das Abbild des Heiligen gießen; die Milch aber floß immer nur bis zu dessen Nabel. Doch solange nicht die heiligen Füße des Bahubali von der Milch benetzt waren, konnte das Bildwerk nicht als geweiht gelten. Da erschien eine alte Frau mit einem Töpfchen Milch und bot sich an, die Statue zu salben. Camundaraya lachte über diesen Vorschlag, ließ aber dann die Alte gewähren. Sie goß ihr Töpfchen über dem Haupt des Bahubali aus, und die Milch lief hinunter bis zu den Füßen. Und plötzlich erkannte Camundaraya, daß alleine der hingebungsvolle Glaube der Frau mehr bewirkt hatte als seine aufwendige Einweihungszeremonie. Er verneigte sich vor ihr, ließ sie später in Stein verewigen und die Figur in der Nähe des Bahubali aufstellen. Dort ist sie noch heute zu sehen.

Die Statue des Bahubali rief damals Wellen der Begeisterung hervor. Man hat auch versucht, sie nachzuahmen, so im Jahre 1432 in Karkala und 1604 in Yenur, jedoch sind diese Figuren kleiner als die auf dem Vindhyagiri.

Es entstand bei den Digambaras auch ein spezieller Kult des Bahubali, der in allen Tempeln zelebriert wird, in denen Statuen dieses Heiligen installiert sind. Diese Bildwerke gleichen ikonografisch haargenau jenem Standbild, das den Berg Vindhyagiri krönt. Am bedeutendsten ist freilich die Bahubali-Zeremonie, die hier alle zwölf bis dreizehn Jahre stattfindet. Dann werden 1080 Gefäße mit Weihwasser über dem Haupt des Heiligen ausgegossen und im

Anschluß die Statue mit einer speziellen Substanz, die u. a. Milch und Safran enthält, gesalbt. Eine Inschrift aus dem Jahre 1389 berichtet erstmals von solch einer Zeremonie. Den Höhepunkt des Bahubali-Kults bildeten die Feierlichkeiten des Jahres 1981, als 750.000 Pilger nach Shravana Belgola kamen.

Der heilige Berg Candragiri

Auf dem Berg Candragiri haben unzählige Asketen meditiert und ihr Leben durch Samlekhana abgeschlossen; von knapp einhundert sind uns die Namen durch Inschriften bekannt. Diese Epigraphe, die man bei Spaziergängen leicht finden kann, da sie mit weißer Farbe umrahmt oder anders gekennzeichnet wurden, sind oft in schöner Versform abgefaßt. Folgende Worte (frei übersetzt) meißelte beispielsweise ein Asket mit Namen Nandisena in den Fels:

„Schnell vergehend wie der Regenbogen, wie der Blitz und wie des Taues Wolke —
Das Geschenk der Schönheit, des Reichtums, der Lust und der Macht — wem ist es sicher?
Soll ich — strebend nach dem Höchsten — haften an der Welt?
So sprechend ward zum Mönch —
Und gewann den Himmel als der Tugend höchsten Lohn der Asket Nandisena."

Um zu den vierzehn Tempeln des Candragiri zu gelangen, die auf einem Plateau errichtet und von einer Mauer umfriedet sind, muß man zunächst eine Treppe aus 150 Stufen ersteigen und dann noch etwa 100 Meter über den glatten Fels gehen. Hinter dem Eingang zum Tempelkomplex erhebt sich ein Manastambha aus dem Jahre 974. Am günstigsten lassen sich die Heiligtümer des Berges besichtigen, wenn man innerhalb der Einfriedung im Uhrzeigersinn läuft.

Der erste Tempel, den man erreicht, wenn man in diese Richtung geht, ist eigentlich nur ein schlichter Steinpavillon und dem Shantinatha geweiht. Der

Tempel auf dem heiligen Berg Candragiri

Legende nach soll dieser 16. Tirthamkara in Hastinapura als Sohn des Königs Vishvasena zur Welt gekommen sein. Aus Shantinatha wurde ein mächtiger Herrscher, und er zählt als fünfter der insgesamt zwölf Cakravartins. Nachdem er der Welt entsagt hatte und zum Tirthamkara geworden war, um die Jaina-Lehre zu predigen, übernahm sein Sohn Kavacahari die Herrschaft über das Reich. Shantinatha erlangte schließlich am Berg Sametashikhara das Nirvana.

Hinüber zum nächsten Tempel, der dem 7. Tirthamkara Suparshvanatha geweiht wurde, kommt man noch an einer Statue des Heiligen Bahubali vorbei, die aber künstlerisch weniger bedeutend ist. Wie Parshvanatha, der vorletzte der Tirthamkaras, soll auch Suparshvanatha aus Benares stammen und wie jener auf dem Berg Sametashikhara ins Nirvana eingegangen sein. Beide Verkünder des Jainismus werden mit einer Schlangenhaube dargestellt und lassen sich nur durch ihre Symbole voneinander unterscheiden: dem Suparshvanatha ist das Svastika, dem Parshvanatha das Abbild einer geringelten Schlange zugeordnet.

Im dritten Tempel befindet sich eine kleine, schöne Säulenhalle. Vor der Altarnische, in der eine Statue des 8. Tirthamkara Candraprabha installiert ist, steht links die Figur des Yaksha Gomeda und rechts die jener geheimnisvollen Göttin Kushmandini. Von Candraprabha heißt es, daß er in einer Stadt mit Namen Candrapuri zur Welt gekommen sei und ebenfalls auf dem Sametashikhara das Nirvana gefunden habe.

Das nächste Heiligtum, das die Tempel vier und fünf birgt, gilt als ein Meisterwerk der späten Ganga-Zeit. Es wurde vom Minister Camundaraya begonnen und von dessen Sohn durch Aufsetzen eines zweiten Tempels auf dem Dachplatz erweitert. Der untere Tempel ist dem 22. Tirthamkara Neminatha, der obere dem Parshvanatha geweiht.

Die Tempel sechs bis neun enthalten — in der Reihenfolge — Statuen des 1. Tirthamkara Rishabha, des Shantinatha, des Heiligen Bahubali und wieder des Shantinatha. Der zehnte Tempel, der den Anantanatha geweiht wurde, ist klein, aber mit schönen Ornamenten an den Längswänden geschmückt. Anantanatha war der 14. Tirthamkara. Von ihm wird gesagt, daß er als König durch einen herabfallenden Meteor der Vergänglichkeit alles Irdischen gewahr wurde, worauf er der Welt entsagte. Er fand ebenfalls auf dem Berg Sametashikhara das Nirvana.

Die letzten drei Tempel bilden einen gemeinsamen Gebäudekomplex mit zwei Portalen. Durch das erste gelangt man in eine Säulenhalle, in welcher links des Eingangs eine merkwürdige, rot gefärbte Statue des Hindu-Gottes Brahma aufgestellt wurde. Keiner der Tempeldiener konnte mir erklären, was es mit diesem Idol für eine Bewandtnis hat. Brahma blickt auf den gegenüberliegenden Eingang des zwölften Tempels. An dieser Stelle dort soll bereits Kaiser Ashoka zur Erinnerung an seinen Großvater Candragupta ein Heiligtum geweiht haben. Der heutige Tempel, dessen ursprüngliche Gestalt man nicht mehr so recht erkennen kann, da er überbaut und Teil des Gebäudekomplexes geworden ist, stammt aus dem 12. Jahrhundert. Die Portalfront besteht aus einem Gitter von schwarzen Relieftäfelchen, die die Geschichte des Maurya-Kaisers Candragupta erzählen. Die Hauptkapelle ist dem Parshvanatha geweiht, die linke Seitenkapelle der Göttin Padmavati, welche speziell diesem Tirthamkara als Yakshini dient. In der rechten Kapelle befindet sich eine Figur der Kushmandini. Über eine Treppe gelangt man in die Säulenhalle des oberen Tempels, der dem Rishabha geweiht ist.

Im vierzehnten Tempel, eine mit sechs Säulen ausgestattete Halle, die man durch das zweite Portal betritt, steht eine bezaubernde Skulptur des Parshvanatha, etwa sechs Meter hoch und auf das Feinste gearbeitet. Das Manastambha, das sich vor diesem Tempel erhebt, stammt aus dem 17. Jahrhundert.

Am Weg zum Gipfel des Candragiri liegt die Meditationshöhle des Kaisers Candragupta. Die beiden in Stein gemeißelten Fußspuren im Innern sollen an diesen großen Patron des Jainismus erinnern, der einst, ähnlich einem Tirthamkara, allem Weltlichen entsagt hat, um sich als Asket der meditativen Schau hinzugeben.

*Die Meditationshöhle des Kaisers Candragupta
auf dem heiligen Berg Candragiri*

IV. Der Gemeinsame Berg

In der Provinz Hazaribagh des indischen Bundesstaates Bihar erhebt sich der heiligste Berg des Jainismus in Indien. Der Tradition nach erlangten auf seinen Höhen zwanzig der vierundzwanzig Tirthamkaras das Nirvana. Daraus leitet sich auch sein Namen ab: Sametashikhara (wie samet-schikel gesprochen), was „der gemeinsame Berg" heißt. Die Jainas erklären den Sinn des Namen aber auch gerne damit, daß dieser heilige Berg für beide Konfessionen, den Digambaras wie den Shvetambaras, von gleicher Bedeutung ist. Der höchste Gipfel — den ein Tempel krönt — gilt als jener Ort, den der 23. Tirthamkara Parshvanatha aufsuchte, als er das Alter von 100 Jahren erreicht hatte. Er ließ sich im Meditationssitz auf dem winzigen Gipfelplateau nieder und erlangte, nachdem er einen Monat lang keine Speisen und kein Wasser zu sich genommen hatte, das Nirvana. Deshalb wird der Berg auch häufig nach ihm „Mt. Parasnath" genannt. Und so findet man ihn auch in den meisten indischen Karten.

Für manchen Kailash-Pilger ist der rituelle Parikrama (wörtlich „Durchwandern", Um- oder Umherwandern", auch „Reihenfolge") des Sametashikhara der Ausgangspunkt seiner Wallfahrt. Von hier aus geht die Reise weiter nach Bodhgaya, Rajagaha, Pavapuri (dem Ort von Mahaviras Nirvana) und nach Kundagrama (Mahaviras Geburtsort). Mit dem Bus fährt er anschließend nach Kathmandu, erledigt dort die notwendigen Formalitäten bei den chinesischen Behörden und setzt die Reise in den Westen Nepals fort, um dann über die Himalaya-Pässe zum Kailash zu gelangen.

Seit undenklicher Zeit dient der Sametashikhara der meditativen Beschauung und wird ausschließlich von Pilgern besucht. Deshalb konnte sich hier ein ganz eigenartiges Biotop erhalten. Der Berg ist den Jainas so heilig, daß er nur mit nackten Füßen betreten werden darf.

Neben dem Haupttempel sind auf den sechs Nebengipfeln, auf Felsvorsprüngen und Graten zahlreiche Schreine errichtet, von denen jeder einem bestimmten Tirthamkara oder Heiligen geweiht ist. Die Architektur ist schlicht gehalten, aber harmonisch an die wunderbare Naturkulisse angepaßt. In den Schreinen finden sich auch keine Statuen, sondern nur in Stein gemeißelte

Fußspuren, die an den jeweiligen Tirthamkara oder Heiligen erinnern sollen. Während seines Parikramas, bei welchem stets die vorgeschriebene Richtung eingehalten werden muß, sucht der Pilger Schrein für Schrein auf und gelangt schließlich hinauf zum Haupttempel des Parshvanatha. Auch für den Rückweg ist die Richtung genau vorgeschrieben.

Parasnath

Vor den Nordhängen des Berges liegt eine kleine Stadt, die so, wie sie sich heute zeigt, rund 100 Jahre alt ist und fast ausschließlich aus Tempeln und Dharamsalas (d. h. Pilgerunterkünften) besteht. Die Menschen, die hier ständig leben, sind in irgendeiner Form mit dem täglichen Pilgerverkehr beschäftigt, sei es, daß sie in den Dharamsalas arbeiten, kleine Gasthäuser und Imbißstände betreiben oder im Tempeldienst tätig sind. Der Tourismus jedoch spielt in diesem Ort Parasnath überhaupt keine Rolle, und man ist auch nicht auf Besucher aus dem Westen eingerichtet.

Im Ort gibt es ein kleines Museum, das wie ein Heiligtum wirkt. Von einem schönen, gepflegten Garten, in dem auch Statuen aufgestellt sind, gelangt man in eine angenehm kühle Marmorhalle. An den Wänden zeigen Fotografien auf

Die Kleinstadt Parasnath mit ihren Tempeltürmen

großen Tafeln die berühmtesten Heiligtümer der Jainas, und zwar der Digambaras und der Shvetambaras. In Vitrinen werden alte, kostbare Texte und Ritualgegenstände ausgestellt. Dem Eingang gegenüber ist ein Altar mit einer Statue von Parshvanatha installiert. Im oberen Saal reihen sich in die Wände eingelassene Nischen aneinander, in denen durch kleine, kunstvoll gestaltete Figuren die wichtigsten Ereignisse und Stationen der Jaina-Historie nachgestellt sind. Von einer dem Saal vorgelagerten Veranda kann man mit dem Fernrohr hinauf zum höchsten Gipfelheiligtum des Sametashikhara blicken.

Den ältesten Tempel der Stadt, er soll vor etwa 100 Jahren erbaut worden sein und wird „Adi-Tempel" genannt, erreicht man über den Innenhof eines Dharamsalas, das ebenfalls so alt wie dieses Heiligtum sein soll. Eine Treppe und ein Korridor führen zu einem kleinen quadratischen Platz, den Lauben säumen. Dahinter finden sich Kapellen mit schönen Altarschreinen. Durch eine offene Säulenhalle gelangt man nun zum eigentlichen Adi-Tempel, der inmitten einer weiten Halle errichtet ist (möglicherweise stand er ursprünglich frei und wurde später umbaut). Die Außenwände des Tempels sind mit Keramikfliesen bedeckt. Auf dem Altar eine Statue des Parshvanatha. Als interessantes Detail ist eine kleine Kapellennische mit Tirthamkara-Figuren aus Bergkristall zu nennen. Von der großen Halle gelangt man in weitere interessante Kapellen. Am beeindruckendsten ist eine goldene Statue des Rishabha, die von einer sonnenähnlichen Strahlenaureole umgeben ist.

Der große Tempelbezirk der Stadt besteht aus vielen, den Tirthamkaras geweihten Heiligtümern, die zum Teil untereinander in Verbindung stehen. Über Höfe, durch Gänge, Korridore und Lauben geht es zu den verschiedensten Kapelle und Hallen. Im Zentrum des Komplexes befindet sich ein Platz mit einem hohen Manastambha. Manche der Tempel stehen auch frei, von kleinen Gärten umgeben. Besonders fiel mir ein Heiligtum mit vollständig rot gefärbten Fassaden auf; darin fand sich ein Altar des 8. Tirthamkara Candraprabha. Nicht wenige der Kapellen bergen äußerst kostbare Statuen, darunter auch einige vergoldete. In den Abendstunden zieht Weihrauchduft durch die von flackernden Lichtern erhellten Gänge und Hallen, und von allen Seiten sind die Gebete und Gesänge der Gläubigen zu hören.

Der zweite Tempelbezirk erstreckt sich rechts des Weges zum Berg. Die Bauwerke dort sind alle neu; manche Heiligtümer befinden sich noch in Bau. Die Dimension des ersten Tempels, der wahrscheinlich auch als Konferenzhalle dient, ist grandios. Ich muß gestehen, daß ich vor Staunen kaum den

Mund zu bekam, als ich diese riesenhafte Halle betrat. Tausende Menschen könnten hier Platz finden. Die Halle hat einen ovalen Grundriß und ist mit achtzehn gewaltigen Säulen ausgestattet. Im vorderen Bereich wurde aus Marmor ein Modell des kreisförmigen Kontinents Jambudvipa errichtet, welcher nach der Jaina-Kosmografie das Zentrum des Kosmos einnehmen soll. Auf dem Altar steht eine mächtige Statue des Parshvanatha, schätzungsweise vier bis fünf Meter hoch und aus einem schwarzen Marmorblock gemeißelt.

Seitlich dieser Anlage führen breite Freitreppen zu verschiedenen kleinen Heiligtümern. Man findet dort u. a. 24 aneinandergereihte Kapellen der Tirthamkaras, einen Tempel des Heiligen Bahubali und einen anderen mit einer Figur des Parshvanatha in aufrecht stehender Haltung. Dahinter gelangt man in den wohl eigenartigsten und interessantesten Tempel von ganz Parasnath, der eine Darstellung von Ishatpragbhara birgt. Dazu muß erklärt werden, daß sich nach der Kosmografie der Jainas über der höchsten Sphäre des Kosmos noch eine Region befindet, die alleine den Erlösten gehört. Dieses Ishatpragbhara ist von unvorstellbarem Glanz und nur im Zustand des Nirvana zu erreichen. Dort oben gibt es kein Karma; es herrscht ewiger Friede, Glückseligkeit und Unbeschwertheit. Die heiligen Texte nennen noch zwölf andere Bezeichnungen für Ishatpragbhara, die übersetzt wie folgt lauten:

die Leichte
die Leichtgewichtige
die Feine
die Überausfeine
die Vollkommenheit (d. h. Siddhi, auch „Zauberkraft")
die Heimat der vollkommen Heiligen
die Erlösung
die Heimat der Erlösten
die Zinnen der Welt
die Warte auf den Zinnen der Welt
das Erwachen auf den Zinnen der Welt
aller Lebewesen Segensspenderin

Für Ishatpragbhara gibt es auch ein spezielles Symbol, das man in Schriften oder auch in Tempeln gelegentlich finden kann (vgl. die symbolische Abb. d. Kosmos, S. 146):

Im Zentrum dieser sagenhaften Region Ishatpragbhara liegt ein strahlender Fels, reiner als Kristall, wo die erlösten Seelen leben, die unendliches Wissen, unendliches Schauen, unendliche Kräfte und unendliche Wonne besitzen. Und dieser Ort in Ishatpragbhara — der absolut höchste des Kosmos — wird inmitten der runden Kuppelhalle jenes Tempels durch einen Schrein versinnbildlicht.

Es ist ein gewaltiger Kegelstumpf, mit Rundterrassen ausgestattet, auf denen kleine, zierliche Tempel und Statuen aneinandergereiht sind. Vier in den Himmelsrichtungen angeordnete Treppen führen hinauf zum Plateau des Kegels. Genau auf der Mittelstufe einer jeden Treppe steht die Figur eines vierarmigen Indra, mit den oberen Händepaar ein goldenes Rad der Lehre (Dharmacakra) über dem Haupt erhebend. Das Ende der Treppen überspannt jeweils ein stilisierter Torbogen. Und aus dem Plateau wächst ein riesiger Lotos empor, vermutlich aus Gips hergestellt.

In der Hauptstraße Parasnaths wimmelt es täglich von Pilgern. Immer wieder bringen Kleinbusse neuen Wallfahrer. Man sieht auch Ordinierte der beiden Konfessionen, nackt gehende Digambara-Asketen und weiß gekleidete Shvetambara-Mönche. Von Lichtungen in den Bergwäldern bieten sich herrliche Panoramen der kleinen Stadt mit ihren zahlreichen Tempeltürmen, Kuppeln und Dharamsalas.

Der geheimnisvolle Sametashikhara

Aber wie war ich nun in dieses Parasnath und dann zum Berg Sametashikhara gelangt? Ich hatte mich in einem noblen Hotel der Distrikthauptstadt Hazaribagh einquartiert und mir einen Ruhetag gegönnt. Am anderen Morgen wollte ich zeitig zum Sametashikhara aufbrechen. Doch wie erstaunt war ich, als niemand an der Rezeption im Stande war, mir den Weg dorthin zu beschreiben. Auch in Patna, von wo ich zwei Tage zuvor mit dem Bus gekommen war, hatte keiner im Hotel Bescheid gewußt, wie man zu diesem Berg gelangt. „Hazaribagh, fahren Sie nach Hazaribagh." Gut, dachte ich, das ist eben Patna, Hunderte Kilometer vom Sametashikhara entfernt. Aber nun wollte auch hier, in Hazaribagh, niemand den Weg zu dem heiligen Berg kennen!

Schließlich fand sich doch jemand, der mir eine ungefähre Auskunft geben konnte. Ich müsse, sagte er, in die 60 Kilometer entfernte Kleinstadt Bagodar fahren, und von dort seien es vielleicht noch 25 Kilometer.

Das ist übrigens ein sehr merkwürdiges Phänomen. Nirgends lassen sich auch nur annähernd brauchbare Informationen über diesen Berg auftreiben. Machen Sie sich die Mühe und besuchen Sie eine Buchhandlung, schlagen Sie in allen Indien-Reiseführern, die Sie dort finden, unter „Sametashikhara" oder „Parasnath" nach — Sie werden diesen heiligsten aller Berge Indiens höchstenfalls erwähnt finden. Auch in älteren Quellen wurde ich bezüglich des Sametashikhara nicht fündig. Helmuth von Glasenapp widmet in seinem umfangreichen Werk „Heilige Stätten Indiens" diesem Berg vier Sätze (immerhin aber die umfangreichste Information, die ich fand): „Der Berg Parasnath im Distrikt Hazaribagh der Provinz Bihar hat seinen Namen nach Parshvanatha, dem 23. Tirthamkara der Jainas, welcher hier um 750 v. Chr. das Nirvana erreicht haben soll. Die eigentliche Bezeichnung des Berges in Jaina-Werken ist Sametashikhara, denn Parshvanatha war ja nicht der einzige, sondern nur der letzte von den 20 Propheten, die von hier aus die Erlösung erlangten. Der Berg ist mit zahlreichen Tempeln geschmückt, welche der Erinnerung an diese Heiligen geweiht sind, und neue Heiligtümer werden von Zeit zu Zeit von gebefreudigen Jainas errichtet. An zehntausend Pilger, Shvetambaras und Digambaras, besuchen alljährlich diese Stätten, obwohl der Aufstieg zu ihnen zum Teil recht beschwerlich ist."

Speiseopfer in einem der Tempel am heiligen Berg Sametashikhara

Daran stimmt nicht, daß der Berg mit zahlreichen Tempeln geschmückt ist. Es gibt nur drei Tempel, von denen einer zur Zeit v. Glasenapps noch nicht existierte. Ansonsten finden sich auf dem Berg nur kleine Schreine.

In einer Fußnote erwähnt v. Glasenapp noch: „Eine ausführliche Beschreibung gab A. P. (Pseudonym) im Calcutta Quarterly Magazine 1827 ..." Die Quelle dieses mysteriösen A. P. war mir unzugänglich.

Meine Jaina-Freunde in Jaipur hatten vom Sametashikhara geschwärmt — doch keiner von ihnen war je dort gewesen oder konnte mir den Weg dahin beschreiben.

Fast erschien es mir so, als umgebe den Berg ein geheimnisvoller Schleier, der ihn von der Umwelt abschirmt und nur Auserwählten den Zugang gewährt. Gehörte ich zu den Auserwählten?

Frühmorgens fuhr ich von Hazaribagh mit dem Bus nach Bagodar. Vermutlich geschieht es nur selten oder gar nicht, daß sich hierhin ein Europäer verirrt. Beim Aussteigen aus dem Bus fragte mich jemand: „Was machen Sie in dieser gottverlassenen Gegend, Sir?"

Schrein des 21. Tirthamkara Naminatha auf Sametashikhara *Tempel des Parshvanatha auf dem höchsten Gipfel von Sametashikhara*

„Ich suche den Mt. Parasnath."

„Oh, ganz schnell wieder rein in den Bus und zwei oder drei Stationen weiter!"

Kurze Zeit darauf stand ich mitten auf der Landstraße — und in gar nicht so weiter Entfernung erhob sich, von Dunst verhüllt, tatsächlich die Silhouette des Sametashikhara. Von seinem höchsten Gipfel ragte ein sonderbares Gebilde in die Höhe — wie ein bizarres Felshorn. Es war, wie sich später zeigte, einer der drei Tempel des Berges — das Gipfelheiligtum von Parshvanatha.

Am Straßenrand stand eine kleine Raststätte aus Bambusstangen und Wellblechen. Dort saß beim Tee ein Mann, der im Fernmeldedienst arbeitete und hier unterwegs war, um vom Sturm zerstörte Telefonleitungen zu reparieren. Er war so freundlich, mir beim Mieten eines Jeeps zu helfen.

Die Fahrt ging durch eine einsame Gegend. Laubwälder, kleine Dörfer mit Hütten aus Lehmwänden. Nach einer Stunde fand ich mich endlich am Fuße des Sametashikhara. Ich mußte mich wundern über das rege Treiben in Parasnath. In welcher Weise waren nur all diese Pilger hierhergekommen? Irgendwie mußte es noch andere Wege geben.

In dem Dharamsala, wo ich dann ein Zimmer bezog, konnte man sich nicht erinnern, schon einmal einen Europäer zu Besuch gehabt zu haben.

Parikrama

Um halb vier in der Früh wurde es draußen lebendig. Ein Dieselaggregat begann zu knattern, das Licht ging an. Stimmen. Dann klopfte jemand an die Tür.

„Zeit aufzustehen, Parikrama beginnt gleich. Ein Eimer heißes Wasser für Sie."

Minuten später hörte man das Klappern von Stöcken auf den Veranden. Ein Sprechchor erschallte:

„Namo Parasnath Bhagwan!"

(Verehrung Parshvanatha, dem Erhabenen!)

Im weißen Gewand, barfüßig, einen Bambusstock in der Rechten, trat ich hinaus und mischte mich unter die Pilger.

Wohlan, hinauf zu den heiligen Gipfeln!

Von den Veranden des Dharamsala, vom Innenhof und aus der gegenüberliegenden Gasse strömten weiß gekleidete Menschen und reihten sich in den langen Zug von Pilgern ein, die dem Berg zustrebten. Ungefähr jeder dritte trug eine Laterne oder eine Taschenlampe.

Auf dem sandigen Steig ließ es sich mit nackten Füßen angenehm gehen. Dann tauchten die ersten dunklen Hänge auf. An der langen Kette der wackelnden Lichter voran konnte man erkennen, wie sich der Pfad allmählich in die Höhe wand.

Wieder der Sprechchor:

„Namo Parasnath Bhagwan!"

Von irgendwo waren auch leise Gesänge zu hören. Nach etwa einer Stunde — ich war schon tüchtig außer Atem — eine Anhöhe. Dahinter ging es wieder ein Stück hinab, und man konnte sich nun etwas erholen. Die Pilger um mich herum stimmten sogleich einen Gesang an.

Dann ein weiterer Hang. Kleine Imbiß- und Getränkestände tauchen auf. Aber es gibt noch nichts; gerade werden erst die Feuer in den winzigen Kochherden entfacht. Der Duft des Holzrauchs begleitet uns ein Stück.

Es kommt eine Brücke über einen Gebirgsbach. Und nun beginnt eigentlich erst der Berg. Viel steiler als an den Hängen zuvor steigt jetzt der Pfad. Bald verstummen die Pilger. Nur noch von weit unten sind Gesänge zu hören.

Allmählich dämmert der Morgen herauf. Ich spüre das Erstaunen einiger Leute, als sie plötzlich meine Gesichtszüge erkennen und ihnen gewahr wird, daß sich ein Europäer unter ihnen befindet. Hier gibt es normalerweise keine Touristen. Anderseits sehe ich nicht aus wie ein Tourist. Man lächelt mir freundlich zu und läßt es damit bewenden.

Der Gebirgsdschungel ringsum mit seinem dichten Unterholz wird sichtbar. Rascheln und Knacken im Geäst — eine Affenfamilie, die keinerlei Scheu zeigt. Von diesen Zweibeinern, die seit Jahrhunderten hierherkommen, hat keine Kreatur etwas zu befürchten.

Eine Lichtung öffnet kurz den Blick hinauf zum fernen Gipfel mit dem Tempel des Parshvanatha. Gleich links ein weit in den Himmel ragender bizarrer Felskegel, von einem Tempel gekrönt. Dem 8. Tirthamkara Candraprabha geweiht, erfahre ich später. Der Anblick ist atemberaubend — aber ebenso entmutigend. Denn auch über diese gewaltige Höhe geht der Parikrama hinweg. Dabei bin ich jetzt schon erschöpft genug. Wie man mir sagte, ist der Parikrama insgesamt siebenundzwanzig Kilometer lang, neun Kilometer hinauf, neun Kilometer der Weg zu den Schreinen, neun Kilometer hinunter.

Hoch oben an den bewaldeten Hängen erkenne ich ein paar Hütten. Dort soll ein gewisser Deep Chand Jain leben. Dieser, hat man mir am Abend zuvor in dem Dharamsala gesagt, werde mich bestimmt gerne über die Höhen begleiten und mir dabei auch wichtige Informationen geben.

Es dauert aber noch über eine Stunde, bis ich diese Hütten erreicht habe. Ein staubiger Steig führt dorthin. Die Pilger ziehen vorbei. Der Zug scheint kein Ende zu nehmen; noch weit in der Tiefe erkenne ich kleine Pilgergruppen, die sich zu den heiligen Gipfeln aufgemacht haben.

Zwischen den Hütten steht ein kleiner Tempel mit geweißten Wänden und einer spitzen Haube auf dem flachen Dach. Es ist der schlichteste Jaina-Tempel, den ich jemals gesehen habe. Auch eine Quelle entspringt hier oben, die sich in ein künstlich geschaffenes Becken ergießt.

In diesem Augenblick erscheint die Sonne und taucht die Umgebung in ein rosafarbiges Licht. Eine junge Nonne, in ein weißes Tuch gehüllt, kommt mit leichtem, federndem Gang auf mich zu. Ich verneige mich mit gefalteten Händen. Sie mustert mich und muß dabei herzlich lachen. So einer wie ich ist ihr hier oben noch nicht begegnet. Dann schlägt sie mir ihren Pfauenwedel auf den Kopf — was als hohe Segnung verstanden wird.

Ihr folgt ein Mann von athletischer Figur, mit einem weißen Hemd bekleidet, das ihm bis zu den Knien reicht. Sein Haar ist leicht gelockt und fällt ihm auf die Schultern. Um den Hals trägt er einen Gebetskranz aus Silberkugeln.

„Mister Deep Chand Jain?"

Er nickt. „Ja".

Ich erkläre kurz, daß man ihn mir empfohlen hat.

„Oh, es ist schön, Sie zu sehen!", ruft er und schüttelt mir die Hand.

Dann holt er aus einer Hütte eine kleine silbrige Schale, die Sandelholzpaste enthält. Und damit bekomme ich einen Punkt auf die Stirn gemalt.

„Kommen Sie schnell", sagt er, „die Puja im Tempel hat bereits begonnen".

In dem kleinen, von Weihrauchduft erfüllten Saal haben sich etwa zehn Gläubige, Männer wie Frauen, versammelt. Sie falten die Hände und murmeln alle durcheinander Gebete. Auf dem Altar steht eine beachtliche Statue des Parshvanatha aus schwarzem Marmor, flankiert links vom 8. Tirthamkara Candraprabha und rechts von dem Heiligen Bahubali. Davor ein Tisch, auf dem verschiedene Opfergaben — Früchte, Reis, Süßigkeiten etc. — ausgebreitet sind. Plötzlich besteigt ein nackter Mönch den Altar und gießt über dem Haupt des Parshvanatha ein Gefäß mit Weihwasser aus. Darauf brechen die Gläubigen in Jubel aus, klatschen in die Hände und rufen: „Namo Parasnath Bhagwan!"

Nach der Zeremonie lädt mich Deep Chand auf sein Zimmer zum Frühstück ein. Wir hocken schweigend mit den Eßschalen in den Händen auf diwanartigen Sitzpolstern. Außer einem schmalen Kleiderschrank und zwei Aluminiumkisten, die als Truhen dienen, gibt es hier keine Möbel.

„Zeit aufzubrechen", sagt er plötzlich und stellt seine Eßschale zur Seite.

„Weshalb hat man auf dem Altar ausgerechnet diese Figurengruppe gewählt?", frage ich.

Er führt mich nach draußen und deutet hinüber auf das Gipfelheiligtum und dann zu jenem schroffen Felskegel mit dem kleinen Tempel.

„Das sind die Heiligtümer des Parshvanatha und des Candraprabha. Und dazwischen liegen alle anderen Schreine der Tirthamkaras auf dem Berg. Und was Bahubali betrifft, so ist er für uns als vollendeter Yogi und Asket das höchste Vorbild."

Dann holt er noch zwei Säckchen mit Reis und reicht mir eines davon.

„Opfergaben für die Tirthamkaras."

Dieser Berg, erklärt mir Deep Chand, während wir uns schließlich auf den Weg machen, zähle zu den heiligsten Orten der gesamten Menschenwelt. Es sei kein Zufall und auch gar nicht selbstverständlich, wenn jemand hierherfinden würde. Nur große Verdienste aus früheren Leben könnten so etwas bewirken. Alle seien wir mit den Kotis und Kotikotis unserer vergangenen Geburten verbunden. Dabei handle es sich um geheimnisvolle Kräfte, die unser gesamtes Schicksal bestimmen.

Während dieser Erläuterungen gelangen wir zu einem freien Platz, der einen bezaubernden Umblick auf die mit zierlichen, pavillonartigen Schreinen gekrönten Gipfel und Bergvorsprünge gewährt. Es könnte das Motiv eines romantischen chinesischen Landschaftsmalers gewesen sein.

In einem großen Schrein sind die Fußspuren aller 24 Tirthamkaras in Stein abgebildet (vgl. auch S. 161). Hier beginnen wir mit unseren Devotionen. Deep Chand erklärt mir, daß er zunächst ein Dharani (d. h. Gebet oder langes Mantra) laut rezitieren wird, darauf streuen wir etwas Reis über die Fußspuren, umwandeln rituell den Schrein dreimal und vollziehen dann noch eine Niederwerfung davor.

„Und in der gleichen Weise werden wir bei allen anderen Schreinen des Berges verfahren."

„Alles verstanden", sage ich und weise ihn noch darauf hin, daß ich mir auch Notizen machen möchte. Dagegen hat er nichts.

Ein zweiter, etwas kleinerer Schrein auf dem Platz ist Kunthunatha geweiht. Dort demonstriert mir Deep Chand noch einmal alle zu verrichtenden heiligen Handlungen und Gesten. Er hat auch ein Heft für mich dabei, in welchem die zu rezitierenden Dharanis enthalten sind, und er möchte, daß wir die heiligen Worte jeweils gemeinsam sprechen. Doch daraus wird nichts. Ich sage ihm, daß ich als Europäer nicht so geübt sei im Rezitieren heiliger Silben. Das versteht er und steckt das Heft wieder weg.

Kunthunatha, über dessen Fußspuren wir nun unser Reisopfer streuen, war der 17. Tirthamkara. Er gilt auch als der 6. Cakravartin, denn er hatte als Kaiser ein mächtiges Reich erobert, widmete sich aber dann nur noch der Askese und entsagte schließlich der Welt. Er fand auf dem Sametashikhara das Nirvana.

Die Schreine des Berges sehen alle ziemlich gleich aus. Sie sind meist auf einer Plattform mit Brüstung errichtet, zu der ein paar Stufen führen. Der Schrein selbst besteht aus einer kleinen Kuppel, etwa eineinhalb bis zwei Meter hoch. Im Innern die Fußspur des betreffenden Tirthamkara.

Der nächste Schrein links des Pfades ist einem Heiligen der Shvetambaras geweiht und der darauffolgende dem Naminatha. Über diesen 21. Tirthamkara (nicht zu verwechseln mit dem 22., dem Neminatha) gibt es nicht viel zu sagen. Der Legende nach soll er in Mathura zur Welt gekommen sein und am Berg hier das Nirvana erlangt haben.

Der Pfad führt nun direkt auf den Schrein des 18. Tirthamkara Aranatha zu. Zu seiner Zeit bestand noch das von Kunthunatha eroberte Reich, welches Aranatha geschickt zu regieren verstand. Man zählt ihn deshalb auch als den 7. Cakravartin. Aber genau wie Kunthunatha kehrte er eines Tages dem Weltleben den Rücken, wurde Tirthamkara und fand hier das Nirvana.

Dahinter schließt sich links des Pfads der Schrein des 19. Tirthamkara Malli an. In den Überlieferungen der Digambaras gleicht sein Leben dem der anderen Tirthamkaras, und er wird bei ihnen Mallinatha genannt. Nach der Tradition der Shvetambaras jedoch war Malli eine Frau und stellt damit die einzige weibliche Figur unter den 24 Tirthamkaras dar. Über sie erzählt man sich folgende Geschichte: In ihrem vorangegangenen Leben war sie der König Mahabala, der, einem Tirthamkara gleich, Asket geworden und in eine Einsiedelei gezogen war. Dort traf er mit den anderen Asketen die Übereinkunft, stets die gleichen Meditationsübungen durchzuführen, denn damit sei die Wahrscheinlichkeit groß, daß in der nächsten Existenz alle wieder zusammentreffen würden. Mahabala aber war in seiner Meditationspraxis am eifrigsten, was er vor seinen Mitasketen geschickt zu verbergen wußte. Dieser Betrug wirkte sich dahingehend aus, daß er von seinen Gefährten getrennt wiedergeboren wurde, nämlich — nach einer Zwischenexistenz im Götterhimmel Vaijayanti — als die Tochter des Königs Kumbha. Sie erhielt den Namen Malli und wuchs zu einer solch schönen und liebreizenden Jungfrau heran, daß alle Fürsten des Landes — sie waren im Leben zuvor die Mitasketen jenes Mahabala gewesen — um ihre Hand anhielten. Doch der König verweigerte seine Tochter jedem, der vorsprach. Darauf erzürnten sich die Fürsten und zogen gegen die Landeshauptstadt zu Felde. Nachdem sie einen Belagerungsring um die Residenz geschlossen hatten, lockte sie Malli zu einer Laube, neben die sie zuvor eine mit verdorbenen Speisen gefüllte Puppe hingesetzt hatte, welche ihrem Antlitz aufs Haar glich. Die Fürsten waren von diesem Trugbild wie geblendet, glaubten sich in Gegenwart der schönen Malli und genossen den Anblick. Nun öffnete Malli heimlich eine durch Blumen verdeckte Öffnung an der Puppe, worauf diese einen derartigen Gestank verbreitete, daß die Fürsten zutiefst angewidert waren. Darauf zeigte sich Malli selbst und hielt den Fürsten eine Predigt über die Vergänglichkeit von Schönheit und Liebreiz und veranlaßte sie zur Weltentsagung. Darauf zog Malli als Asketin durchs Land und verkündete die Lehre des Jainismus. Auf dem Sametashikhara fand sie das Nirvana.

Der folgende Schrein ist dem 11. Tirthamkara Shreyamsa geweiht. Von ihm ist wenig zu berichten. Sein Vater war angeblich ein König mit Namen Vishnu. Auch Shreyamsa erlangte auf dem Berg Sametashikhara das Nirvana.

Nun führt eine lange Treppe hinauf zum ersten Gipfel, den ein Schrein des 9. Tirthamkara krönt. Die Aussicht von dort oben ist einfach überwältigend, und ich würde gerne noch ein wenig in der Höhe verweilen, doch Deep Chand ist so in seine Rituale vertieft, daß er keinen Blick für die Natur hat und sich schon wieder der Treppe hinunter zuwendet. Für den 9. Tirthamkara sind zwei Namen gebräuchlich, Suvidhinatha und Pushpadanta. Er fand ebenfalls auf dem Sametashikhara das Nirvana.

Vom Ende der Treppe gelangen wir über einen Felsgrat zum nächsten Schrein, dem 6. Tirthamkara Padmaprabha geweiht. Sein Name bedeutet wörtlich „Lotosglanz" und wurde ihm gegeben, weil seine Mutter während der Schwangerschaft auf einem Bett aus Lotosblumen gebettet war. Auch Padmaprabha erlangte das Nirvana auf diesem Berg.

Jetzt geht es auf einer Treppe in eine Felsspalte hinab, wo der Schrein des 20. Tirthamkara Munisuvrata errichtet ist. Angeblich soll er in Rajagaha, jener alten Hauptstadt von Magadha, wo später auch Buddha und Mahavira wirkten, zur Welt gekommen sein. Wie viele seiner Vorgänger erreichte er auf dem Berg Sametashikhara das Nirvana.

Bis hierher empfand ich unsere Wallfahrt als recht vergnüglich. Aber nun hörten die Treppen auf, und auch der Pfad war nicht mehr ausgebaut. Rechterhand ragten zwei Gipfel in die Höhe, die auf dem Rückweg noch erstiegen werden mußten. Doch jetzt ging es erst einmal durch den Bergdschungel hinüber zu jenem bizarren Felskegel, den ich bereits in der Früh erblickt hatte.

Mit geeignetem Schuhwerk ist diese Tour Bergwandern vom Allerfeinsten — mit nackten Füßen aber eine der härtesten Formen von Askese. Es dauerte gar nicht lange, bis ich mir eine wunde Stelle auf der linken Fußsohle gelaufen hatte.

Allmählich trat das Buschwerk auseinander und gab den Blick frei hinauf zum Tempel des 8. Tirthamkara Candraprabha, der unbeschreiblich kühn genau auf der Spitze des Felsens errichtet ist. Der Aufstieg verlangt dem Körper alle Kraft ab. Das größte Problem ist jedoch, daß man auf dem holprigen Pfad barfuß keinen festen Tritt findet. Ältere Pilger werden beim Auf- und Abstieg von jüngeren gestützt. Deep Chand bereitet eine solche Tour nicht die geringste Schwierigkeit. Er war auch schon lange vor mir oben.

Die großartige Aussicht zu den anderen Gipfeln mit ihren Schreinen, an den grünen Hängen hinab und über die bewaldeten Hügel hinweg bis hinüber zum fernen Parasnath läßt aber die Mühen der Besteigung schnell vergessen. Der Tempel ist von einer Brüstung umgeben. Im Innern des winzigen Kuppelsaals befindet sich der Schrein mit den Fußspuren des Candraprabha.

Nun kam aber auf dem Weg zu jenen Gipfeln, die wir zur Rechten liegengelassen hatte, noch ein ganz anderes Problem hinzu. Die Sonne stand nämlich in der Zwischenzeit im Zenit und hatte die Steine wie Herdplatten aufgeheizt. Man hätte gut darauf Spiegeleier braten können. Mir blieb bergauf deshalb nichts anderes übrig, als von Schattenfleck zu Schattenfleck zu rennen. Dabei kam ich natürlich schnell außer Atem, und vor Schweiß klebten bald meine Kleider am Körper. Deep Chand störte sich auch nicht an den heißen Steinen. Andächtig, aufmerksam schritt er voran, ständig Gebete murmelnd, den Gebetskranz in der linken Hand. Über meine komischen Gebärden konnte er nur schmunzeln.

Auf dem ersten Gipfel, den wir erreichen, steht ein Schrein des 1. Tirthamkara Rishabha, auf dem nächsten sind zwei Schreine errichtet, der untere dem Shitalanatha, jener auf der Felsspitze dem Anantanatha geweiht. Shitalanatha war der 10. Tirthamkara. Nachdem er auf dem Sametashikhara das Nirvana erreicht hatte, soll bis zu seinem Nachfolger Shreyamsa die Jaina-Lehre ganz auf Erden verschwunden sein. Anantanatha, der 14. Tirthamkara, wurde bereits im vorangegangenen Kapitel erwähnt.

Der Weg führte nun zu einem Fels, dessen Schrein dem 3. Tirthamkara Sambhava geweiht ist. Er fand ebenfalls auf dem Sametashikhara das Nirvana. Von hier aus ging es zu einem Felsvorsprung hinaus und danach wieder an etwa die gleiche Stelle zurück. Das war eine günstige Gelegenheit, mir eine Ruhepause zu gönnen. Ich ließ Deep Chand und die anderen Pilger an mir vorbeiziehen und legte mich dann in den Schatten unter einen Busch. Der Vollständigkeit halber muß ich aber die beiden Schreine erwähnen, die ich ausgelassen hatte. Der erste am Weg ist dem Vasupujya, der zweite dem Abhinandana geweiht. Vasupujya, der 12. Tirthamkara, hat eigentlich keine Beziehung zu diesem Berg. Er soll in der Stadt Campapuri im heutigen Bihar geboren sein und auch dort das Nirvana erlangt haben. Campapuri ist ein bedeutendes Pilgerzentrum der Jainas. Abhinandana war der 4. Tirthamkara. Der Legende nach erblickte er in der Stadt Ayodhya das Licht der Welt. Sein Name wurde ihm gegeben, weil er von Göttern und Menschen schon bei seiner Ankunft auf Erden verehrt wurde (abhinanda bedeutet „lobend"). Er fand auf dem Sametashikhara das Nirvana.

Als Deep Chand zurückkam, wurde ich von ihm getadelt. Der Parikrama, meinte er, hätte überhaupt keinen Wert, wenn ich dabei schummeln würde, damit könne ich kein Karma vernichten. Er schlug mir deshalb vor, im nahen Tempel die mir fehlenden Rituale für den 12. und den 4. Tirthamkara nachzuholen.

„Na gut, wenn das auch so geht", sagte ich.

Dieser Tempel wird vollständig von einem mit Gebirgswasser gefüllten Graben umschlossen. Er ist erst in jüngster Zeit von den Shvetambaras errichtet und als einziges Heiligtum des Berges mit Statuen ausgestattet worden. In der großen Halle finden sich Abbilder der 24 Tirthamkaras. Die Hauptfigur des Sanktuariums stellt den Parshvanatha dar.

Obwohl ich Deep Chand versicherte, daß ich mich wieder erholt hatte, bestand er darauf, hier eine längere Rast einzulegen. Er bemühte sich auch, mir ein paar Annehmlichkeiten zu verschaffen, besorgte eine Decke, breitete sie für mich im Schatten aus und holte Tee und Früchte von einem Stand nahe des Tempels. Dann schöpfte er mit einem Gefäß Wasser aus dem Graben und goß es über meine Füße.

Der Weg war jetzt nicht mehr so beschwerlich. Wir kamen an unseren Ausgangspunkt zurück. Von hier aus führt ein Grat hinüber zum Hauptheiligtum des Berges.

Die ersten Schreine in dieser Richtung sind dem 15. Tirthamkara Dharmanatha und dem 5. Tirthamkara Sumatinatha geweiht. Dharmanatha erhielt seinen Namen, weil seine Mutter Suvrata alle Gebote des Jainismus — des Dharma — beflissen erfüllt haben soll. Von der Mutter des Sumatinatha, Mangala mit Namen, erzählen sich die Jainas eine Geschichte, die eine eigenartige Parallele zum sogenannten salomonischen Urteil (Erstes Buch der Könige 3, 16 — 28) darstellt, was eigentlich kein Zufall sein kann. Ein reicher Kaufmann, heißt es, war verstorben und hatte zwei Frauen und einen Sohn hinterlassen. Jede der Frauen erhob nun Anspruch auf den Knaben, und da sie sich nicht einigen konnten, gingen sie zum König. Aber auch der sah sich außerstande, in diesem Streitfall eine Entscheidung zu treffen, und er bat deshalb seine Gemahlin Mangala um Rat. Mangala entschied, den Knaben, wie das gesamte Vermögen des Kaufmanns, zu halbieren und jeder Frau einen Teil auszuhändigen. Angesichts dieses Urteils verzichtete die leibliche Mutter des Knaben auf ihren gesamten Erbanteil. Da wurde ihr das Pflegerecht zugesprochen.

Es folgen nun zwei sehr schöne Schreine von Shvetambara-Heiligen, links des Wegs dem Varisena, rechts dem Muni Vardhamana Prabhu geweiht. Die nächsten Schreine erinnern an den 16. Tirthamkara Shantinatha — der im Kapitel vorher schon genannt wurde — und an Mahavira. Dieser letzte der 24 Tirthamkaras steht in keiner Beziehung zum Berg Sametashikhara.

Jetzt geht es noch einmal zu einer Anhöhe hinauf. Der Schrein am Weg ist dem 13. Tirthamkara Vimalanatha geweiht, jener in der Höhe dem 7. Tirthamkara Suparshvanatha, der, wie bereits erwähnt, angeblich aus Benares stammte.

Was den Namen jenes 13. Tirthamkara betrifft, so soll er vom klaren Verstand seiner Mutter (vimala bedeutet „klar", „rein") herrühren, den sie als Königin bei folgender Gelegenheit unter Beweis stellte. Einst liebte sich ein Ehepaar in einem Tempel, in welchem eine Dämonin hauste. Diese fühlte sich daraufhin von jenem Mann magisch angezogen und nahm die Gestalt seiner Ehefrau an. Da aber nun der arme Mann nicht mehr zwischen der richtigen und der falschen Gemahlin unterscheiden konnte, brachte er beide zur Königin und bat sie um Rat. Die Königin ließ daraufhin den Mann weit zurücktreten und forderte die Frauen auf, ihn zu berühren. Die richtige Ehefrau vermochte das nicht, der Dämonin aber war es ein leichtes, ihre Gliedmaßen zu verlängern — doch damit hatte sie sich verraten.

Auf einem kleinen Hügel am Weg steht der Schrein des Ajitanatha. Von diesem zweiten der Tirthamkaras heißt es, daß er bereits im jungen Alter den Thron geerbt hätte, da sein Vater, König Jitashatru, in den Mönchsstand getreten sei. Doch auch Ajitanatha blieb nicht lange Herrscher, sondern tat es seinem Vater gleich und entsagte der Welt. Darauf wurde sein Neffe Sagara König. Er eroberte ein Weltreich, und man sieht deshalb in ihm einen Cakravartin.

Nun kommt der letzte Schrein, der dem schon mehrfach erwähnten 22. Tirthamkara Neminatha geweiht ist. Dahinter beginnt die lange Freitreppe hinauf zum Haupttheiligtum des Sametashikhara. Am Ende der Treppe gelangt man in ein Tonnengewölbe, das den Gipfel des Berges überspannt. Die winzige Plattform darauf — nämlich jene Stelle, wo Parshvanatha einst im Yogasitz das Nirvana erlangt haben soll — ist von einer Marmorplatte mit den Fußspuren dieses 23. Tirthamkara bedeckt. Über dem Gewölbe liegt die große Kuppelhalle des Tempels und das Sanktuarium.

Damit hatten wir das Ziel unserer Wallfahrt erreicht. Ich genoß noch fast eine Stunde — die Zeit, die Deep Chand mit noch einigen anderen Pilgern im Tempel meditierte — das fantastische Panorama der mit Schreinen gekrönten Nebengipfel des Sametashikhara.

V. Mahavira und Buddha

Der Name „Bihar" leitet sich von dem Sanskritwort „Vihara" ab, was „Einsiedelei" oder auch „Opferstätte" bedeutet, und ist darin zu erklären, daß dieses Land in früherer Zeit mit einem Netz von Klöstern der Jainas und Buddhisten überzogen war. Man sieht Patna, der Hauptstadt Bihars, das ehrwürdige Alter von fast 2500 Jahren nicht an. Und doch wurde diese Stadt, die sich etwa zwölf Kilometer an den Ufern des Ganges entlangzieht, zu Beginn des 5. Jahrhunderts v. Chr. von Ajatasattu (Ajatashatru), dem Sohn und Nachfolger von Bimbisara, als Pataliputta (Pataliputra) gegründet. Der griechische Reisende Megasthenes beschreibt das alte Pataliputta als blühende Metropole mit 570 Türmen und 64 Toren. Während einer Überschwemmung im Jahre 750 wurde fast die gesamte Stadt vernichtet, so daß sich heute in Patna so gut wie keine baulichen Reste des alten Pataliputta mehr finden lassen.

Vor Pataliputta war Rajagaha (oder Rajagriha, heute auf den Landkarten mit Rajgir verzeichnet) die Hauptstadt des Landes, das damals Magadha hieß. Dieses Rajagaha war von König Bimbisara rund 100 Kilometer südlich des späteren Pataliputta, gegründet worden. Mit einer Bevölkerung von 60.000 Menschen, geschützt von einem Mauerwall, der sich 40 Kilometer über die umliegenden Berge zog, galt Rajagaha zur damaligen Zeit als eine der mächtigsten Städte auf dem Indischen Subkontinent. Reste der gewaltigen Stadtmauer lassen sich noch in der Nähe des ehemaligen Südtors, von Gaya kommend, erkennen. Ansonsten ist von dieser alten Metropole, in welcher einst Mahavira und Buddha ihre ersten Missionserfolge zu verzeichnen hatten, nichts geblieben. Dort, wo einmal die Wohnviertel und der Königspalast lagen, wuchert jetzt Gestrüpp.

Es soll im Herbst des Jahres 528 v. Chr. gewesen sein, als Buddha, damals 35jährig, mit seinen Jüngern in Rajagaha eintraf. Den Überlieferungen nach wurde er bald am Hof bekannt und gewann schließlich König Bimbisara als Laienanhänger.

Im Frühjahr zuvor, nach seiner Erleuchtung, war der Buddha zunächst in Richtung Westen aufgebrochen, um in der Stadt Benares am Ganges jene fünf Asketen zu suchen, die einst mit ihm im Wald von Uruvela gelebt hatten.

Damals hatten sie unter sich eine Vereinbarung getroffen: derjenige, der durch seine asketische Praxis zuerst die Wahrheit findet, möge sie den anderen mitteilen. Jene fünf Asketen hatten aber den Buddha darauf verlassen, weil er von der Askese abgekommen war.

Ein Stück außerhalb von Benares, im Tierpark Sarnath, traf Buddha seine ehemaligen Gefährten wieder. Die Predigt, die er ihnen an Ort und Stelle hielt, machte auf sie einen solch tiefen Eindruck, daß sie den Buddha baten, als Jünger angenommen zu werden. Damit war der buddhistische Sangha begründet. Wenige Wochen später zählte die Gemeinde bereits 60 Mitglieder.

Nach der Regenzeit in Sarnath hatte sich der Buddha mit der Jüngergemeinde an den Ort seiner Erleuchtung begeben und war anschließend in Richtung Rajagaha aufgebrochen. Von seiner ersten Begegnung mit König Bimbisara berichtet das Pabajja-Sutta, welches sich in der Textsammlung Suttanipata des Pali-Kanons findet.

Dort heißt es:

„Es kam nach Rajagaha der Buddha,
zu den Magadhi nach Giribbaja,
Almosen sammelte er,
übersät mit den besten Kennzeichen.

Ihn gewahrte Bimbisara,
im Palast stehend,
den mit (diesen) Kennzeichen Ausgestatteten
gesehen habend, sprach er dies:

'Auf diesen, ihr Herren, hört!
(Er ist) wohlgestaltet, groß, rein;
mit (gutem) Wandel bedacht;
er schaut (nur so weit, wie) die Länge eines Joches –

mit niedergeschlagenen Augen gedankenvoll;
nicht ist dieser wie (jemand) von niederer Herkunft.
Die Königsboten sollen ausschwärmen
(und sich erkundigen), wohin der Mönch gehen wird.'

Die ausgesandten Königsboten
folgten ihm auf dem Fuße:
'Wohin wird der Mönch gehen?
Wo wird seine Wohnstatt sein?'

Ständig (nach Almosen) gehend,
mit gehüteten Pforten (der Sinne), wohl gezügelt,
schnell füllte er die Almosenschale,
bewußt, aufmerksam.

Auf dem Bettelgang wandelnd, begab
der Weise nach dem Verlassen der Stadt
sich zum Pandava:
'Hier wird der Wohnsitz sein!'

Gewahrend, daß er den Wohnsitz betrat,
kamen die Boten näher;
einer der Boten aber kehrte zurück
und berichtete dem König:

'Dieser Mönch, o Großkönig,
hat sich an des Pandava Osthang
niedergelassen wie ein Tiger (oder) Stier,
wie ein Löwe in der Bergeshöhle.'

Nach dem Anhören der Nachricht des Boten
begab sich auf prächtigem Wagen der König
eilig dort hinaus,
wo der Pandava-Berg (liegt).

So weit, wie der Boden für den Wagen befahrbar war,
(gekommen), stieg der König vom Wagen,
und nachdem er zu Fuß herangekommen war,
begab er sich zu ihm (Buddha).

Nachdem er sich niedergelassen hatte,
sprach, nachdem freundlicher, höflicher Gruß
gewechselt worden war,
der König dies:

'Jung wie auch zart bist du,
ein in der ersten Entwicklung stehender Jüngling,
mit großer Schönheit ausgestattet,
wie ein wohlgeborener Krieger –

aufstellen lassend das stattliche Heer,
die Elefantenschar voran.
Ich gebe Reichtum, genieße (ihn)
und erzähle, befragt, von deiner Herkunft!'

'Ein aufrechtes Volk, o König,
an den Hängen des Himalaya,
ist mit Reichtum und Kraft begabt:
die Bewohner von Kosala –

Abkömmlinge der Sonnendynastie der Sippe nach,
Shakya nach dem Geschlecht;
von dieser Familie bin ich hinweggezogen,
ohne nach Sinneslust zu begehren.

In den Sinnesgelüsten Elend erblickend,
Wunschlosigkeit betrachtend als den Frieden,
fahre ich fort im Streben.
Daran findet mein Geist Wohlgefallen!'"

Schon bald kam zwischen Buddha und Bimbisara eine Begegnung am Hof zustande. Es wurde ein Mahl serviert und danach gab Buddha dem König eine genaue Darlegung seiner Lehre. Wie es heißt, bekannte sich Bimbisara bereits während dieser Unterredung als Laienanhänger Buddhas.

Am Morgen darauf lud der König den Buddha zum Frühstück ein und schenkte ihm bei dieser Gelegenheit den Bambushain Veluvana vor dem Nordtor der Stadt. Dort entstand später das erste buddhistische Kloster.

Außerdem stellte Bimbisara seinen Hofarzt Jivaka zur medizinischen Betreuung der Jünger Buddhas zur Verfügung. Jivaka war über diese Aufgabe zunächst wenig erfreut, wurde aber schließlich ein begeisterter Laienbekenner Buddhas und schenkte ihm und seinen Mönchen sogar ein Grundstück in Rajagaha, wo dann ein zweites Kloster entstand.

Der Lieblingsort Buddhas in Rajagaha war der Geierberg, den man vom Osttor über einen felsigen Pfad erreichen konnte. In der Höhle Sukarakhatalena unterhalb des Gipfels verbrachte Buddha manche Nacht und empfing dort häufig prominente Bürger der Stadt zu persönlichen Gesprächen. Am Geierberg hielt der Buddha auch seine wichtigsten Predigten, die Jahrhunderte später in den Schriften der Theravada- und Mahayana-Buddhisten erschienen. Hier am Geierberg sollen auch die berühmten philosophischen Worte gefallen sein:

Form ist leer.
Leerheit ist Form.

Wenige Zeit nach Buddhas Begegnung mit Bimbisara erreichte Mahavira mit seiner Jüngerschaft die Stadt Rajagaha. Er hatte an den Ufern des Flusses Barakar, unweit des Ortes Jrimbhikagrama, die Allwissenheit erlangt und war seit diesem denkwürdigen Moment zum Tirthamkara geworden. Und von da an betrachtete er es als seine vornehmste Pflicht, die ewige Heilswahrheit des Jainismus allen Wesen zu verkünden.

Anders als Buddha — der sich mit metaphysischen Dingen wenig abgab, sondern statt dessen sein gesamtes Bemühen darauf ausrichtete, einen Weg aus Samsara aufzuzeigen — war Mahavira an allen Wissenschaften seiner Zeit interessiert. Dr. E. Leumann nennt ihn einen großen Denker und im Denken einen großen Systematiker: „Das ganze Wissen seiner Zeit hat er umspannt und mit der ihm eigenen Asketen-Energie konstruktiv ergänzt und geordnet zu einem mächtigen Lehrgebäude ... So war Mahavira nicht bloß Mönch und Asket, sondern zugleich so etwas wie ein Naturphilosoph; er mag an die alten Naturphilosophen der Griechen, auch an Pythagoras erinnern. Jedenfalls hat er mit souveräner Bestimmtheit die gesamte Wirklichkeit zusammen mit den mönchischen Grundvorstellungen seiner Zeit — oder unter dem Gesichtswinkel dieser religiösen Vorstellungen — begrifflich geordnet zu einem halbreligiösen halb-philosophischen System, und er hat gewiß nicht bloß vielen nach dem Augenschein urteilenden Leuten imponiert durch seine asketische Strenge, sondern ebensowohl manche zur Spekulation neigenden Köpfe eingenommen durch seine umfassenden und geordneten Begriffsreihen."

Mahavira besaß aber nicht im entferntesten die Leutseligkeit eines Buddha, sondern hielt sich stets mit aristokratischer Gelassenheit zurück. Es war nicht seine Art, auf Menschen zuzugehen, um ihnen Belehrungen zu erteilen. Dies brauchte er auch gar nicht. Denn alleine durch seine geistige und sittliche Größe hinterließ er bei seinen Zeitgenossen einen solch tiefgreifenden Eindruck, daß er ständig von Menschen umgeben war, die ihn hören wollten. Und Mahavira verstand es vortrefflich, jene, die ihn um Unterweisungen baten, durch seine Vorträge zu fesseln und schließlich als Anhänger seiner Lehre zu gewinnen.

Niemals wäre Mahavira wie Buddha am Hof zu einer Mahlzeit erschienen — so etwas erschien ihm als ein unerhörter Verstoß gegen die asketischen Gelübde. Außerdem lehnte er jegliches Paktieren mit dem Weltleben ab. Es war aber nur eine Frage der Zeit, bis die Kunde von Mahaviras Persönlichkeit an den Hof drang und Bimbisara der Wunsch erfüllte, den Asketen zu besuchen, um ihn anzuhören.

Von Mahaviras philosophischen Lehrsätzen und weitschweifenden Traktaten über den Aufbau des Kosmos soll Bimbisara so tief bewegt gewesen sein, daß die Jainas sogar behaupten, dieser König (den sie in ihrer Überlieferung meist Shrenika nennen) hätte sich als Laie der Jaina-Lehre bekannt und werde in einer fernen Weltperiode als Tirthamkara wiedergeboren. Feststeht aber zumindest, daß sich Bimbisara dazu veranlaßt sah, auch Mahavira und seine Jünger zu fördern und ihnen deshalb einen der Hügel um Rajagaha als Bleibe zusicherte, wo Mahavira dann vierzehn Regenzeiten verbrachte.

Über einen persönlichen Disput zwischen Buddha und Mahavira gibt es keine Zeugnisse. In einigen Texten der Buddhisten erscheinen die Jainas unter der Bezeichnung Niganthas, was wörtlich „Fessellose" bedeutet und Asketen bezeichnen soll, die sich frei gemacht haben von den Fesseln der Sinnenwelt. Im Samannaphala-Sutta der Sammlung Dighanikaya lassen die Buddhisten den Mahavira, befragt von Bimbisaras Thronfolger Ajatasattu nach dem Lohn des Bettelmönchdaseins, folgende Worte über einen Nigantha sprechen: „Da ist, o Großkönig, ein Nigantha durch vierfachen Zügel gebändigt, zurückgehalten. Und wie, o Großkönig, ist ein Nigantha durch vierfachen Zügel gebändigt, zurückgehalten? Da hat sich, o Großkönig, ein Nigantha jeden Wassers enthalten, sich jedes Wasser versagt, alles Wasser abgeschüttelt, alles Wasser weggeschüttet.[1] Auf solche Weise, o Großkönig, ist ein Nigantha durch vierfachen Zügel gebändigt, zurückgehalten. Und wenn, o Großkönig, ein Nigantha solcherart durch vierfachen Zügel gebändigt, zurückgehalten ist, so wird er, o Großkönig, als von vollkommenem Selbst und von gezügeltem Selbst und von standhaftem Selbst bezeichnet."

Wenn es auch keine Nachrichten über persönliche Unterredungen zwischen Buddha und Mahavira gibt, so ist doch bezeugt, daß es in Rajagaha recht häufig zu verbalen Reibereien zwischen den Anhängern beider spiritueller Lehrmeister kam. Buddhisten bezeichneten die Praxis der Jainas als unedel, übertrieben und nicht zur Befreiung führend, während jene den Buddhisten vorwarfen, den Mönchsstand nur gewählt zu haben, um ein angenehmes und bequemes Leben führen zu können, was sie zuweilen auch mit Spottversen zum Ausdruck brachten:

mridvi shayya pratar utthaya peyam
bhaktam madhye parakam caparahne
drakshakhandam sharkara cardharatre
mokshash cante Shakya-putrena drishtah

„Ein weiches Lager, früh beim Aufstehen dann ein Trunk,
mittags die Mahlzeit, abends wieder was zu beißen,
bei Nacht noch Süßigkeit — und die Erlösung dann zum Schluß:
so hat sich's ausgeheckt der gute Shakya-Sohn!"

Hinsichtlich ihrer sittlichen Grundsätze waren Buddha und Mahavira jedoch gar nicht so verschieden. Beide vertraten konsequent das Prinzip von Ahimsa — woraus sich auch ihre Ablehnung des brahmanischen Opferwesens ergab —, und beide verkündeten annähernd die gleichen ethischen Gebote. Ja selbst das, was Mahavira unter den Begriff „Askese" ordnete, stand der spirituellen Praxis, die Buddha lehrte, immer noch wesentlich näher als beispielsweise jenen Formen drastischer Selbstkasteiung, die manche Asketen dieser Zeit um des Glorienscheines eines Heiligen willen zur Schau stellten.

---

1   *Gemeint ist damit sicherlich das, was die Buddhisten „Durst" nennen, nämlich die Sucht nach Vergnügen, Lust und Reichtum, womit man sich letztendlich in den leidvollen Daseinskreislauf verstrickt.*

Mahavira hatte auch stets einen offenen Blick für die Bedürfnisse der Laien, und ihm war klar, daß Weltentsagung und strenge Askese nur für einen kleinen Teil seiner Anhänger in Frage kam. Er unterschied deshalb zwischen äußerer und innerer Askese. Letztere enthielt u. a. die meditative Praxis und das Studium der Lehre, was auch für Laien verbindlich war. Und demjenigen, der in seiner spirituellen Entwicklung schon wesentliche Fortschritte zu verzeichnen hatte und in den Mönchsstand einzutreten wünschte, stand die äußere Askese zur Verfügung, die dazu geeignet war, jene auf dem Pfad der Befreiung (Moksha) hinderlichen Körpertriebe zu überwinden.

Die Ähnlichkeiten zwischen der Meditationspraxis des ursprünglichen Buddhismus und der von Mahavira gelehrten inneren Askese mag der ausschlaggebende Grund dafür gewesen sein, daß die Jainas irgendwann den Buddhismus zu einem Teil ihrer eigenen Lehre erklärten. Naveen Jain erzählte mir dazu folgende Geschichte: Buddha sei in Rajagaha ein Jünger Mahaviras gewesen. Da es aber zu dieser Zeit viele Mönche gab, die zur Askese geistig noch nicht in der Lage waren und deshalb von ihr krank wurden, habe Mahavira den Buddha beauftragt, ein eigenes System der inneren Askese zu schaffen. Und so sei der Buddhismus entstanden.

Bodhgaya, der Ort von Buddhas Erleuchtung

In den Überlieferungen der Jainas gibt es jedoch auch weniger nette Geschichten über die Entstehung des Buddhismus. So wird einmal erzählt, daß der Asket Buddhakirti, der dem von Keshi geleiteten Orden des Parshvanatha angehörte, am Ufer des Flusses Sarayu meditiert habe.

Plötzlich sei ein toter Fisch angeschwemmt worden, und Buddhakirti sei darauf der Gedanke gekommen, daß es keine Sünde sein könne, den Fisch zu essen, da dieser ja ohne Seele sei. Das hätte aber einen heftigen Disput innerhalb des Ordens hervorgerufen und schließlich zu einem Schisma geführt, aus welchem dann der Buddhismus hervorgegangen sei. Eine andere Geschichte macht Buddhas Jünger Moggallana (Sanskrit: Maudgalyayana) für die Entstehung des Buddhismus verantwortlich. Dieser hätte nämlich auf Mahavira wegen seines Eingreifens in die Ordnung Parshvanathas einen tiefen Haß empfunden und deshalb den Asketen Buddha zu einer Gottheit erklärt.

Heutzutage jedoch sprechen die Jainas — was ich selbst bezeugen kann — mit Hochachtung von den Buddhisten, vor allem aber von Buddha. Die Verehrung des Buddha durch die Jainas zeigt sich am deutlichsten darin, daß sie auf ihren Wallfahrten in Bihar auch Bodhgaya, den Ort von Buddhas Erleuchtung, besuchen.

Noch immer gilt den Anhängern beider Religionen das wüste Rajagaha als heilig. Auf den die einstige Metropole umgebenden Hügeln sind viele Jaina-Tempel errichtet, zu welchen jeden Morgen Scharen von Pilgern hinaufsteigen. Im Jahre 1969 haben japanische Buddhisten den Ratna-Gipfel mit einem großen Stupa gekrönt, der durch einen Sessellift erreichbar ist. Ein Stück abseits davon erhebt sich der ehrwürdige Geierberg, jahraus, jahrein von Pilgern aus Shri Lanka, Thailand, Tibet, Japan und seit neustem auch aus westlichen Ländern besucht.

In Rajagaha hatten Buddha und Mahavira die staatliche

Buddha-Statue am japanischen Stupa auf dem Ratna-Berg über Rajagaha

Sanktion ihrer Lehren erwirkt. Buddha fand hier seine beiden wichtigsten Jünger, Sariputta und Moggallana. Dieser Ort war jedoch auch Schauplatz einer mächtigen Intrige gegen ihn. Sein Schwager Devadatta nämlich trachtete danach, die Leitung des Ordens zu übernehmen und legte Buddha, als er 70 Jahre alt war, nahe, sich zurückzuziehen. Buddha lehnte dies jedoch entschieden ab, kannte er doch den machthungrigen Charakter seines Schwagers nur zu gut. Darauf verbündete sich Devadatta mit Ajatasattu, dem Sohn von Bimbisara, und schmiedete mit ihm einen teuflischen Plan, nach welchem der Buddha durch ein Attentat ausgeschaltet werden sollte. Glücklicherweise schlugen alle drei Mordanschläge auf ihn fehl. Nun stiftete Devadatta seinen Komplizen zum Vatermord an, um so die staatliche Unterstützung des buddhistischen Ordens zu unterbinden. Als Ajatasattu aber in das Schlafgemach Bimbisaras eindringen und ihn erdolchen wollte, wurde er von der Leibwache gestellt. Der König vergab seinem Sohn und trat freiwillig zurück. Ajatasattu hatte kaum die Macht ergriffen und den Thron bestiegen, als er seinen Vater festnehmen und in den Kerker werfen ließ, wo dieser verhungerte. Damit war die Freundschaft des buddhistischen Ordens zum Königshaus beendet; Buddha erschien von da an nicht mehr am Hof, bemühte sich aber schließlich doch um ein leidlich loyales Verhältnis zu dem neuen Machthaber von Magadha. Den Jainas jedoch gelang es, sich mit Ajatasattu (von ihnen meist Kunika genannt) zu arrangieren und ihn als Förderer zu gewinnen.

Gipfel des Geierbergs, eine der heiligsten Stätten der Buddhisten

In ihrer Überlieferung (so beispielsweise im Nirayavali-Sutra) versuchen sie auch, Kunika zu entlasten, indem sie behaupten, der Prinz habe mit einem Beil seinen Vater im Kerker von den Fesseln befreien wollen; da aber der König glaubte, sein Sohn wolle ihm nach dem Leben trachten, beging er Selbstmord, um die Schmach eines Vatermordes vom Königshaus fernzuhalten.

Die Jainas arrangierten sich auch mit den vier Nachfolgern des Ajatasattu — die, wie es heißt, alle durch Vatermord an die Macht kamen — und ebenso mit den darauffolgenden Königen der Nanda-Dynastie. Die Buddhisten aber verhielten sich bis zur Herrschaft des Kaisers Ashoka jeglicher staatlichen Macht gegenüber reserviert.

Jaina-Tempel im Stil einer Moschee über Rajagaha

VI. Gujarat und Rajasthan

Die hervorragende Bedeutung, die das Gebiet des indischen Bundesstaats Gujarat schon frühzeitig bei den Shvetambaras innehatte, tritt darin hervor, daß dort in der Stadt Valabhi um 503 jenes große Konzil stattfand, auf welchem diese Konfession ihrer heiligen Schriftensammlung die endgültige Fassung verlieh. In Gujarat erheben sich auch zwei der insgesamt sechs heiligen Berge der Jainas in Indien, Girnar und Shantrunjaya. Die zahllosen Heiligtümer auf diesen Bergen sind in einer Architekturform gehalten, die typisch ist für die Jaina-Tempel der Shvetambaras in Gujarat. Die größeren Tempel bestehen meist aus einem Kuppelsaal, der den Gläubigen zur Puja und Meditation dient, und einem sich daran anschließenden turmartigen Bau mit dem Altarraum, in dem die Statuen jenes Tirthamkaras installiert sind, welchem das Heiligtum geweiht ist (Sanskrit Mulanayaka). Umgeben werden die Tempel von Säulengalerien mit Kapellen.

Die Tirthamkara-Statuen der Shvetambaras sind von denen der Digambaras deutlich zu unterscheiden. Während bei den letzteren ein Tirthamkara — ähnlich wie bei einer Buddha-Darstellung — die Augenlider weltentrückt niederschlägt, sind bei den Shvetambaras die Augen der Statuen weit geöffnet und durch eingesetzte Stücke aus Kristall, Glas oder weißem Gestein hervorgehoben, wodurch dem Idol eine besonders magische Ausstrahlung verliehen wird. Bei den Digambaras werden die Tirthamkaras vollständig nackt dargestellt; die Shvetambaras dagegen zieren ihre Statuen häufig mit Schmuckstücken aus Edelmetall und Juwelen. Außerdem wird bei ihnen speziell der erste Tirthamkara Rishabha oftmals mit Krone dargestellt.

Neben den Tempelstädten auf den beiden heiligen Bergen besitzen noch viele andere Orte in Gujarat prächtige Jaina-Tempel. Besonders berühmt wegen seiner filigran wirkenden Steinmetzarbeiten an Portalen und Säulen ist ein dem 15. Tirthamkara Dharmanatha geweihter Tempel in Ahmedabad, der Hauptstadt von Gujarat. Das Heiligtum wurde im Jahre 1848 von dem wohlhabenden Kaufmann Hathi Singh gestiftet.

In Gujarat entstand auch eine eigentümliche Gemeinschaft der Shvetambara-Konfession, die Sthanakavasis, die jeglichen Bilderkult ablehnen. Sie verfügen nur über Gemeindehäuser und messen Pilgerfahrten keinerlei Bedeutung bei. Initiator der Gemeinschaft war der Kaufmann Lonka Shah aus Ahmedabad, der alte, dem Zerfall preisgegebene Handschriften des Jaina-Kanons kopierte und dabei feststellen mußte, daß in keiner der heiligen Schriften von einer Bilderverehrung die Rede ist. Darauf rief er eine Reformbewegung ins Leben, deren erstes Oberhaupt im Jahre 1467 der Asket Bhana wurde. Die heutigen Sthanakavasis gingen dann rund 200 Jahre später aus einer Reformbewegung innerhalb dieser Gemeinschaft durch den Asketen Lavaji hervor.

Auf dem Gebiet von Rajasthan blühte der Jainismus vor allem im Fürstentum Mevar, das im Jahre 1681 seine endgültige Unabhängigkeit von den Moghuln erzwang. Auch in Rajasthan gehört die überwiegende Zahl der Jainas zur Konfession der Shvetambaras; eine Ausnahme bildet eigentlich nur die Stadt Jaipur, die als Hochburg der Digambaras in Nord-Indien gilt.

Durch die Stiftungen frommer Herrscher und reicher Staatsbeamter sind in der Region von Rajasthan prachtvolle Weihestätten des Jainismus entstanden; sie zeugen noch heute vom Wohlstand der Jaina-Gemeinden und der hohen Stellung, der sie sich bei den Rajputen-Fürsten stets erfreuen konnten. Sehr beachtenswert ist die gewaltige Tempelanlage innerhalb des Festungsrings der Wüstenstadt Jaisalmer. Mich interessierten in Rajasthan jedoch ganz besonders die schönen Tempel auf dem heiligen Berg Abu. Eine Überraschung bot aber zunächst der eigenartige Tempelbau von Ranakpur, 180 Kilometer nördlich des Abu.

Ranakpur

Schroffe, grau-lila schillernde Granitfelsen, Akaziensträucher, hier und dort die stroh- und laubgedeckte Hütte von Bergbauern, die auf kargen Terrassenfeldern ihren Mais anbauen. — Wir sind inmitten der Aravalis, etwa auf halbem Weg zwischen Udaipur und Jodpur. Nach einem kleinen Paß windet sich die Straße in Serpentinen an den Steilhängen einer Schlucht entlang, hoch über einem wilden Gebirgsbach. Irgendwie haben die Berge hier Ähnlichkeiten mit manchen Gegenden des Himalaya-Vormassivs in Nepal. An einer Stelle erblickt man plötzlich im Norden, inmitten eines bewaldeten Tals, einen

Blick zum Hauptportal des Tempels Drinasha bei Ranakpur

kleinen See, und ein Stück davor erheben sich die Türmchen und Kuppeln des größten Tempels der Jainas, Drinasha.[1] Der Anblick ist überwältigend, man möchte gerne ein wenig an dieser Stelle verweilen, doch der Bus kann auf solch gefährlicher Strecke nicht halten.

Leider war ich in eine etwas sonderbare Gesellschaft geraten, und bei nächster Gelegenheit wollte ich mich absetzen. Ich hatte ein paar strapaziöse Fahrten in sogenannten Lokal-Bussen hinter mir, stundenlang eingeklemmt, streckenweise auf einem Bein stehend. Aus diesem Grund hatte ich im Hotel in Udaipur gerne von der Möglichkeit einer Buchung in einem bequemen Reisebus Gebrauch gemacht. Ich wurde sogar in der Früh vom Hotel abgeholt, und erst nach einer Weile ist mir klar geworden, daß ich die Gesellschaft einer indischen Touristengruppe gewählt hatte, für die ein festes Programm vorgesehen war (deshalb auch der überteuerte Fahrpreis). Es sollte zu irgendwelchen Gärten oder Sportanlagen gehen, Übernachtung in einem modernen Gästehaus und am nächsten Morgen zurück nach Udaipur. Der Reiseleiter war

---

[1] *Die Schreibweise ist ganz unsicher; dieser Name findet sich merkwürdigerweise in keiner einzigen Quelle; es ist immer nur vom „Tempel Ranakpur" oder „Ranapur" die Rede.*

ein junger, schlaksiger Kerl, den ich zuerst für einen Fahrgast gehalten hatte, der sich etwas wichtig tun will. Nach einem Picknickstop von über einer Stunde verkündete er, daß der Besuch in Ranakpur aus Zeitgründen gestrichen werde. Mit ein paar Rupien konnte ich ihn aber dazu überreden, mir zuliebe dort wenigstens eine knappe halbe Stunde zu halten.

Der Tempel liegt etwas abseits der Straße und ist von einem Mauerring umschlossen. Wir parkten auf einem staubigen Vorplatz. Ohne jegliches Interesse an der heiligen Stätte nutzten die Touristen die kurze Fahrtunterbrechung, um sich Erfrischungen zu besorgen.

Ich trat durch das Tor in der Umgrenzungsmauer. Und da ragte der gigantische Bau vor mir in die Höhe. Ein scheinbar unentflechtbares Gewirr von Türmchen und Kuppeln. Eine breite Freitreppe führte hinauf zu einem prächtigen, säulengefaßten Portal. Von drinnen erklang ein Glockenschlag ... Eine knappe halbe Stunde? Nein, hier mußte ich wenigstens zwei Tage bleiben.

Doch dann machte ich noch einen anderen Fehler. Ich dachte, wir würden anschließend in die Ortschaft Ranakpur kommen. Dort wollte ich mir ein Zimmer suchen und dann mit einer Riksha zu dem Heiligtum zurückkehren. Nun fuhren wir aber schon beinahe eine halbe Stunde, und nirgends mehr war irgend eine menschliche Behausung zu sehen.

„Kommen wir etwa gar nicht nach Ranakpur?", fragte ich.

Der Reiseleiter schüttelte den Kopf.

Plötzlich tauchten ein paar Hütten auf. Obststände. Ein Restaurant. Ein kleiner Tempel. Parkende Taxis. Motorrikschas. Kurz entschlossen rief ich: „Halt!"

Der Bus stoppte augenblicklich und wurde von einer Staubwolke eingehüllt. Ich ergriff meine Tasche und sprang hinaus. Der Reiseleiter schaute mich durch den Einstieg verwundert an.

„Weiter, ich bleibe hier."

Bei den Taxis erfuhr ich, daß es auch in der Nähe des Jaina-Heiligtums Drinasha ein Gästehaus gibt. Diese Fahrt zurück kostete mich sechzig Rupien. Die hätte ich mir gut sparen können.

Aber nun war ich endlich unabhängig. Ich stellte die Reisetasche ins Zimmer, nahm den Jutebeutel mit Kamera, Diktiergerät und Zeichenblock heraus und machte mich sogleich auf den Weg.

Kurz vor dem gewaltigen Bauwerk des Drinasha gibt es noch einen etwas kleineren Tempel, auf einer erhöhten Plattform errichtet. Geschlossen. Doch alleine die reich mit Reliefs verzierte Außenfassade war ein Erlebnis; manche

Darstellungen waren von ungehemmter Erotik, wie man sie gelegentlich auch an den Fassaden von Hindu-Tempeln finden kann. Und dann dieser Blick durch den Palmenhain hinüber nach Drinasha ... Es war an der Zeit, das Geheimnis der Kuppel und Türmchen zu lüften.

Vor der Freitreppe zog ich die Sandalen aus und stieg hinauf. Neben dem Portal wurden Blumen als Opfergaben verkauft. Kühle Luft strömte mir von drinnen entgegen. Ein enger Korridor. Noch eine Treppe. Dann öffnete sich mir ein riesenhaftes Säulenlabyrinth, in dem ich mich bald schon verloren hatte.

Unüberschaubar diese Vielfalt von Formen und Figuren. Eine jede Säule für sich ist von unbeschreiblicher Schönheit. Doch erst die verschwenderische Ornamentik der baldachinförmigen Kuppelgewölbe — wie Träume in Stein.

Das gesamte Säulenlabyrinth ist von Laubengängen umgeben, in denen sich Kapelle an Kapelle reiht. Die darin ruhenden Statuen der Tirthamkaras sind aus fast weißem Marmor gefertigt und spiegelglatt poliert. Zwischen den Kuppeln und Säulen fiel gedämpft das Tageslicht herein und verbreitete eine sinnliche Atmosphäre.

Immer tiefer drang ich in das Labyrinth ein, und nach einer Weile sah ich, daß ich mich wieder der Treppe nach dem Hauptportal

Vor der Hauptkapelle im Tempel Drinasha

näherte. Nun kam ein Mann in weißem Ordensgewand auf mich zu. Er reichte mir die Hand und stellte sich als der Oberpriester („head-priest") des Tempels vor.

„Wie sind Ihre Eindrücke, Sir?", fragte er.

Ich fand kaum Worte, ihm meine Begeisterung zu beschreiben. Schon so viele Jaina-Tempel hätte ich gesehen, sagte ich, aber keiner sei mit diesem vergleichbar.

Er schmunzelte über meine überschwenglichen Worte.

„Ist es denn möglich, daß mir jemand eine kleine Führung gibt?"

„Aber gewiß doch."

Er holte einen jungen Mann heran, der ebenfalls in ein weißes Gewand gekleidet war. Shared, wurde er mir vorgestellt.

„Haben Sie eine Kamera?", fragte mich der Oberpriester.

Ich nickte.

„Gut, ein paar Bilder sollen Ihnen erlaubt sein, obwohl wir Kameras hier nicht so gerne sehen. Meiden Sie auf alle Fälle, Statuen zu fotografieren. Bitte keine Statuen, verstehen Sie?"

Er überlegte eine Weile und fügte dann hinzu: „Wenn sich auf den Fotos hier und da zwischen den Säulen eine Statue zeigen sollte, dann ist das nicht so schlimm. Aber einen Tirthamkara direkt abzufotografieren, das ist auf keinen Fall gestattet."

„Ich werde mich daran halten."

Die Säulen (insgesamt 1444) im Tempel Drinasha bilden ein wahres Labyrinth

Mit Shared schritt ich nun noch einmal durch das Labyrinth. Während er mir seine Erläuterungen gab, lief das Diktiergerät mit:

„Der Tempel Drinasha ist Lord Rishabha-Adinatha, dem ersten Tirthamkara, geweiht. Erbaut unter König Maharana Kumbha von Mevar. Bauzeit erstreckte sich über 63 Jahre, von 1433 bis 1496. Beteiligt waren 1500 Architekten und 2700 Arbeiter. Es gibt insgesamt 1444 Säulen, 24 Kuppeln, eine Hauptkapelle, 84 kleine Kapellen, vier weitere Kapellen und 350 Statuen. Drinasha ist der größte Tempel Indiens ..."

„Moment, von ganz Indien ...? Nicht etwa nur der größte Tempel der Jainas?"

„Drinasha ist der größte Einzeltempel Indiens."

„Wie ist die Struktur ... das Konzept der Anlage? Für den Besucher ist es schwer, dahinterzukommen."

So wie ich vermutet hatte, unterliegt der Tempel einem streng geometrischen Schema. Shared schlug nun einen Weg ein, der mir das Grundmuster der heiligen Stätte enthüllte: Genau im Zentrum ragt die Hauptkapelle des Rishabha-Adinatha auf. Sie hat eine Höhe von ca. 35 Metern und besitzt vier auf die

Blick in eine der ca. 20 Meter hohen Kuppeln des Tempels Drinasha

Portale ausgerichtete Kapellenräume mit je einer Statue. Die vier Portale liegen in den Himmelsrichtungen. (Man wird hier an das Grundschema des buddhistischen Mandalas erinnert.) Die Statue zum Tempelhauptportal im Westen ist gekrönt; rechts am Kapelleneingang ein Halbrelief des Pero, jener Schutzgottheit, der das gesamte Heiligtum anvertraut ist. Kleine Plattformen über dem Hauptportal und dem gegenüberliegenden Portal im Osten tragen je einen steinernen Elefanten, auf dem Marudevi, die Mutter des Rishabha, reitet. Über dem Nordportal erhebt sich ein virtuos verzierter Schrein von der Form eines Stupas. Und über dem Südportal ist an der Wand eine winzige Kapelle mit einer versilberten Parshvanatha-Statue in aufrecht stehender Haltung angebracht; davor ein Altartisch. Nach jedem Portal gelangt man zunächst unter eine Kuppel. Dann folgt ein großes Kuppelgewölbe von mindestens 20 Metern Höhe. Innerhalb dieser gewaltigen Kuppeln sind jeweils um ein baldachinartiges Zentralornament zwölf auf Ganesha-Figuren tanzende Göttinnen abgebildet. Unter der großen Kuppel im Norden steht ein Steinelefant mit Marudevi. Eine Treppe führt nun von jedem großen Kuppelgewölbe zu einer Plattform vor dem jeweiligen Kapellenraum der Hauptkapelle hinauf. Über jeder dieser Plattformen wölbt sich eine kleinere Kuppel, und ein Leuchter hängt herab. In den Zwischenrichtungen der Windrose reihen sich weiterhin je drei Kuppeln aneinander, so daß sich die Gesamtzahl von 24 Kuppeln ergibt. Außerdem gibt es in den Zwischenrichtungen noch je eine Kapelle von jeweils unterschiedlicher Gestaltung. Bei meinem Besuch war nur die Kapelle im Nordosten geöffnet; sie birgt eine Statue des Parshvanatha aus schwarzem Gestein.

Eine Kuriosität ist ein Baum, der mitten im Tempel wächst und schon an die 600 Jahre alt sein soll.

Auf jeder der insgesamt 84 kleinen Kapellen, die die Anlage umgeben, sowie auf jeder Kapelle in den Zwischenrichtungen ist ein spitzes Türmchen errichtet. Aus der Vogelperspektive muß der geometrische Grundriß des Heiligtums beeindruckend wirken. Das Bauwerk ist aber so riesig, daß man weder von außen noch von innen seine besondere Struktur sofort erkennen kann.

Shared hatte mir nun alles erklärt und brachte mich zur Kuppel hinter dem Hauptportal zurück. Dort trafen wir wieder auf den Oberpriester.

„Waren Sie mit unserer Führung zufrieden, Sir?", fragte er schmunzelnd.
„Das kann ich sagen."

„Schön. Wenn Sie mögen, dann kommen Sie heute abend um sieben zu unserer Puja. Es wird eine Lampenzeremonie sein. Sie sind dazu eingeladen."[1]
„Oh ja, das dürfte Sie interessieren", meinte Shared.
„Seien Sie pünktlich", fügte der Oberpriester hinzu.
„Ich werde da sein", sagte ich und ging dann hinaus in den hellen, glutheißen Tag.

Fünf Minuten vor sieben verließ ich das Gästehaus. Es war eine klare Vollmondnacht. Die Straße leer. Tiefe Stille umgab mich. Nur meine eignen Schritte waren zu hören.

Was mochte die Nacht für eine Überraschung bereithalten? Ich konnte nicht ahnen, was in dieser Nacht für merkwürdige Dinge geschehen sollten.

Auf halbem Weg entschloß ich mich, noch einmal zurückzugehen, um eine Decke zu holen. Es sah so aus, als würde es empfindlich kühl werden. Als ich dann wieder auf halber Strecke war, hört ich Glockengeläute. Danach ein singender Ruf, wie von einem Muezzin.

Die Puja hatte also schon begonnen. Ich ärgerte mich ein wenig, denn Pünktlichkeit gehört normalerweise zu meinen ganz wenigen Tugenden.

Die bizarre Silhouette des Tempels rückte näher. Erfreut stellte ich fest, daß ich doch noch nicht der Letzte war. Auch nach mir kamen noch Leute.

Der Leuchter über der Plattform der Hauptkapelle verbreitete ein gedämpftes Licht. Weihrauchduft. Die gekrönte Statue des Rishabha war von zahlreichen Tempellampen hell erstrahlt. Vor der Schutzgottheit Pero stand eine Stehlampe, die in ihrer Form an eine Straßenlaterne erinnerte.

Von irgendwo aus der Tiefe des Säulenlabyrinths kamen leise Gesänge. Im südlichen Bereich des Tempels sah man einige Lichter flackern.

Auf der Plattform vor der Rishabha-Kapelle war ein Teppich ausgebreitet. Hier hatten sich ca. zwei Dutzend Gläubige niedergelassen, über die Hälfte

---

1 Um die Schilderung der folgenden Tempelzeremonie nicht durch Erläuterungen zu unterbrechen, sei hier kurz erklärt, daß es sich bei der Dipa-puja („Lampenzeremonie": Schwenken von Lichtern) um eines der insgesamt acht Rituale handelt, die zumeist von Laien vor Tirthamkara-Statuen ausgeführt werden. Die übrigen sieben sind: Jala-puja (Besprengen mit Weihwasser), Candana-puja (Salben mit einer Salbe aus Sandelpulver; dabei werden der Statue auf verschiedenen Körperteilen, u. a. der Stirn, Punkte gemalt), Pushpa-puja (Darbringen von Blumen), Dhupa-puja (Abbrennen von Räucherwerk), Akshata-puja (Darbringen von Getreidekörnern; häufig in Form von Svastikas gestreut), Naivedya-puja (Speiseopfer, meist Süßigkeiten), Phala-puja (Darbringen von Früchten; am beliebtesten sind Kokosnüsse). Ganz genau die gleichen Zeremonien wurden früher von den indischen Buddhisten vor Buddha-Statuen ausgeführt.

Frauen. Immer mehr Leute strömten in den Tempel und stellten sich um die Säulen, da auf dem Teppich schon kein Platz mehr war. Ich fand ganz vorne am Eingang der Kapelle einen Stehplatz.

Der Hauptpriester schritt mit einer Palette, auf welcher fünf Lichter brannten, um die Versammelten, ständig Gebetsformeln ausrufend. Seine Miene war verändert, als sei er geistig entrückt, jeden Moment bereit, in Trance zu sinken. Plötzlich beugte er sich zu mir herüber und flüsterte: „Ich bin glücklich, daß auch Sie gekommen sind." Und sofort schritt er weiter, seine Gebete ausrufend.

Nun vollzog sich in Sekundenschnelle ein Stimmungswandel unter den Anwesenden. Der Hauptpriester übergab die Lichterpalette an eine junge Frau, die genau vor der Kapelle kauerte. Sie erhob sich augenblicklich mit noch zwei oder drei anderen. Der Tempelpriester stellte sich zwischen dem Kapelleneingang und der Schutzgottheit Pero. Ihm gegenüber Shared mit einem Wedel in der Rechten. Plötzlich begann eine Glocke, die ich erst jetzt bemerkte, mit schrillem Ton, der einem durch Mark und Knochen fuhr, zu läuten, und eine Tempeltrommel dröhnte. Der Hauptpriester schlug eine Zimbel, seine Gebetsformeln jetzt fast herausbrüllend. Die Gläubigen sprangen auf, falteten die Hände. Unglaubliche Schwingungen erfüllten plötzlich den Raum. Verzückte Rufe, Glockenschlagen, das Dröhnen der Trommel, wieder Rufe. Wellen der Ekstase ergriffen die Versammelten. Die junge Frau schwang die Lichterpalette vor Rishabha auf und nieder; es war ein kraftvolles Ritual. Shared schwang seinen Wedel. Ich blickte in strahlende Gesichter, in funkelnde Augen. Einige vollzogen Niederwerfungen. Andere klatschten in die Hände. Die Lichterpalette wurde weitergereicht. Die Flämmchen der Tempellampen vor Rishabha bewegten sich im Rhythmus der Schwingungen — wie feurige Wellen. Immer wieder wurde die Lichterpalette weitergereicht und das gleiche Ritual vor Rishabha ausgeführt. Dazu das Dröhnen der Trommel, das ohrenbetäubende, schrille Schlagen der Glocke und Rufe, immer wieder verzückte Rufe. Die Stimme des Hauptpriesters klang schon heiser. Der Höhepunkt der Ekstase schien nun erreicht — und auf einmal ... Stille. Andächtige Stille. Kein Laut mehr.

Einige vollzogen noch Niederwerfungen und entfernten sich dann schweigend, die Hände gefaltet, von der Plattform.

Stille. Immer noch andächtige Stille. Obwohl ich nur passiv beteiligt gewesen war, schien dennoch die machtvolle Zeremonie ihre Wirkung auch auf mich nicht verfehlt zu haben, denn mir war, als hätten sich meine Sinne geschärft.

Nun konnte man wieder die Gesänge aus dem Säulenlabyrinth hören. Erst leise, zögernd, dann deutlicher werdend. Jetzt wurde rhythmisch in die Hände geklatscht. Dann brach der Gesang ab. Ein Vorsänger. Der Chor antwortete. Wieder Händeklatschen. Stille. Der Vorsänger. Der Chor. Und so ging es fort.

Ich legte mir die Decke um und bewegte mich vorsichtig, mit den nackten Füßen den Marmorboden betastend, in das düstere Labyrinth hinein. Zwischen den Säulen fielen weiße Strahlen des Mondlichts herein, und bald konnte ich genug um mich herum erkennen. Auf der östlichen Plattform der Hauptkapelle blieb ich stehen. Hier verbreitete das Mondlicht eine eigenartige Stimmung. Und jetzt sah ich, daß drüben, in der Nähe des Südportals, drei Flämmchen brannten — vermutlich vor der kleinen Kapelle von Parshvanatha. Und dort saß auch die Gruppe der Betenden. Man konnte aber von ihnen aus meinem Blickwinkel heraus nicht viel sehen. Wieder Händeklatschen. Ganz deutlich waren auch Kinderstimmen aus dem Chor herauszuhören.

Es war wundervoll. Ich hatte sämtliches Zeitgefühl verloren, und ich weiß deshalb nicht mehr, wie lange ich den Chorgesängen lauschte. Plötzlich wieder Stille. Dann begann der Vorsänger mit einem Solovortrag. Eine sonderbare Melodie. Erst summend, mit einem feinen Tremolo. Dann steigerte er sich und zog schließlich alle Register seines stimmlichen Könnens. Und das war geradezu göttlich. Noch niemals hatte ich etwas Ähnliches gehört. Diese Melodie bewegte sich in Vierteltonschritten, in kleinen Terzen auf und ab. Einfach unglaublich. Es war die Melodie aller Melodien, kosmisch, sphärisch. Sie hatte etwas Zwingendes, Hypnotisches. Man mußte sich ihr einfach hingeben, es blieb keine andere Wahl. Ich konnte mir kaum vorstellen, daß solche Schwingungen aus einer menschlichen Kehle hervortreten können.

Plötzlich war da eine Hand auf meiner Schulter. Shared.

„Kommen Sie, ich zeige Ihnen noch ein paar schöne Stellen."

Er nahm mich bei der Hand, führte mich die Treppe an der Plattform hinab und dann weiter in des Labyrinth hinein. Und immer wieder blieb er stehen und machte mich auf das fantastische Spiel des diffusen Mondlichts zwischen den Säulen aufmerksam. An einer Stelle konnte man nach draußen sehen, nach Süden, auf die Silhouetten der Aravali-Berge.

Dann verstummten die Gesänge. Unterschiedlich große Schatten schoben sich zwischen den Säulen hindurch zum Hauptportal hin. Shared lief zum

Altartisch vor der Parshvanatha-Kapelle, nahm die Lichter auf eine Palette und sagte, daß nun der Tempel geschlossen werde.

Ich trat hinaus in die Vollmondnacht. Und ich übertreibe nicht, wenn ich sage, daß mir in diesem Augenblick so war, als sei ich nicht mehr ganz genau derselbe, der zweieinhalb Stunden vorher das Heiligtum betreten hatte.

Abu

Abu — mein nächstes Ziel — ist ein Gebirgsmassiv am südlichen Ende der Aravali-Kette, rund 120 Kilometer westlich von Udaipur, und zugleich Name einer Kleinstadt an den Ostufern des Nakki-Sees. Der Ort, wie das gesamte Massiv, ist leider von indischen Touristen total überlaufen, was tiefe Narben in der selten schönen Gebirgslandschaft hinterläßt. Man findet zwar überall Hinweisschilder wie „Keep Mt. Abu clean!", doch diese sind reiner Hohn. Straßen winden sich durch das Gebirge und werden fortlaufend von Bussen und Taxis befahren, die

Der Ort Dilvara mit seiner Tempelanlage auf dem heiligen Berg Abu

ihre rußigen Abgase in die Luft blasen. Zudem häufen sich an den Straßenrändern Berge von Müll. Verläßt man nun die Straße, um ein wenig über die Bergpfade zu wandern, so wird man gelegentlich an Landschaften im Vormassiv des Himalaya erinnert, wo fromme Buddhisten Gebetsfahnen in Büschen und an Bäumen aufhängen. Doch beim Näherkommen entpuppen sich die vermeintlichen Gebetsfahnen hier als bunte Plastiktüten, die der Wind von den Müllhalden fortgetragen hat und die sich nun im Gestrüpp verhängt haben.

Den Namen des Gebirges leitet man von „Arbuda", dem Sanskritwort für „Schlange", her. Nach einer alten Mythe befand sich ursprünglich an der Stelle des Abu ein gewaltiger Erdriß, wo der Heilige Vasishtha meditierte. Eines Tages geschah ein Unglück. Die Kuh nämlich, die Vasishtha und noch andere Rishis mit Milch versorgte, stürzte in die Spalte und wurde von einem unterirdischen Wasser fortgerissen. Da betete Vasishtha zu Shiva, er möge die Erdspalte schließen, damit ein derartiges Unglück nicht noch einmal geschehen könne. Shiva sandte darauf den jüngsten Sohn des Gottes des Himalaya, der die Schlange Takshala bestieg und mit ihr in die Spalte sprang. Dort aber kam Takshala nicht zur Ruhe, sondern wand sich heftig hin und her und ringelte sich schließlich um die Erdspalte herum. Damit war freilich nicht viel gewonnen, so daß Vasishtha noch einmal zu Shiva betete. Dieser streckte dann von der Unterwelt seinen Zeh durch die Spalte und durch die darüber geringelte Schlange, wodurch ein festes Gebirge entstand.

Eine andere Legende erzählt, wie auf dem Berg Abu die Urväter der Rajputen-Stämme der Chauhan, Paramara, Parihara und Solanki entstanden. Einst, so wird berichtet, wurde das Feueropfer, das fromme Einsiedler unter der Führung des Weisen Vishvamitra dem Shiva darbringen wollten, von Dämonen gestört. Darauf ließ Lord Shiva aus der Opfergrube vier Helden aufsteigen, die jene lästigen Dämonen besiegten, dadurch dem Shiva-Kult zu neuem Glanz verhalfen und schließlich die genannten Geschlechter der Rajputen hervorbrachten.

Von dieser magischen Aura des Gebirges ist nichts geblieben. Wohl aber hat der Touristenrummel hier einen gewissen spirituellen Anstrich. Dafür sorgt vor allem die mittlerweile weltweit verbreitete Religionsgemeinschaft der Brahma-Kumaris, die hoch oben im Gebirge einen Park für meditative Spaziergänge und Gesellschaftsspiele gestaltet hat und im Ort ein großes Gemeindezentrum unterhält, wo (auch für Besucher aus dem Westen) geleitete

Der Tempel Achal Garh auf dem heiligen Berg Abu

Meditationen und die verschiedensten Belehrungen über Gottvater und das latente Spiel zwischen den guten und den bösen Mächten in der Welt abgehalten werden.

Auf der höchsten Spitze des Gebirges, dem Guru-Shikhara, steht ein kleiner, dem Shiva geweihter Tempel. In der Nähe gibt es eine Höhle, in welcher berühmte Heilige, die einst auf dem Abu meditierten, ihre Fußabdrücke im Stein hinterlassen haben. Und an dem Fels Brimh Khar kann man noch einen Rest jenes Erdrisses sehen, der in Urzeiten anstelle des Abu klaffte. Selbst der Zeh Shivas läßt sich noch — bei etwas Fantasie — in der Spalte erkennen.

Die Jainas, denen der Abu als einer der heiligen Berge Indiens gilt, fallen unter der Schar von Touristen und Weisheits- und Gottessucher kaum auf — obwohl es auf dem Abu eine der wohl schönsten Tempelanlagen des Jainismus überhaupt gibt. Diese befindet sich in dem Dorf Dilvara (deshalb auch oft „Dilvara-Tempel" genannt). Man kann jedoch durch Dilvara laufen, ohne daß man die Tempel überhaupt bemerkt, denn davor weitet sich ein großer Platz voller Buden mit Kitsch und Klimbim. Niemals würde man vermuten, daß es hier zu einer heiligen Stätte geht; eher würde man an einen Vergnügungspark denken.

Der Tempelkomplex von Dilvara setzt sich aus vier einzelnen Heiligtümern zusammen. (Irgendwo habe ich gelesen, daß diese Tempel vier der heiligen Berge des Jainismus — Abu, Sametashikhara, Shantrunjaya und Girnar — symbolisieren sollen.) Der hohe Haupttempel ist verhältnismäßig schlicht gehalten. Der Tempel gegenüber wurde dem Rishabha geweiht und enthält eine wundervolle goldene Statue dieses ersten Tirthamkara, die auf einem vergoldeten Altar installiert ist. Die große Überraschung birgt aber ein kleines, ebenfalls dem Rishabha geweihtes Heiligtum, das von außen ganz unscheinbar wirkt. Dieses wurde im 11. Jahrhundert von dem Bankier Vimala Shah aus Gujarat, der auch Minister bei König Bima I war, gestiftet. Die einzigartigen Steinmetzarbeiten im Innern stellen ohne Zweifel einen Höhepunkt der indischen Kunst dar. (Leider wird einem der Kunstgenuß durch die vielen Touristen, die von ihren Führern herumgescheucht werden, tüchtig verleidet.) Der Bau dieses Heiligtums, der sich vierzehn Jahre in die Länge zog und im Jahre 1031 abgeschlossen war, verschlang eine Summe von 180 Millionen Rupien, und für das Grundstück hatte Vimala Shah sogar noch ein Vielfaches mehr gezahlt. Dhara, jener Fürst des Rajputen-Clans der Paramara, dem der für den Tempel vorgesehene Platz gehörte, konnte sich nur schwer entschließen, den Jainas ein Stück Land auf dem Berg Abu zu verkaufen, hatte doch daselbst Shiva den Urvater seines Geschlechts aus einer Opfergrube hervorgehen lassen. Schließlich verlangte er, die gesamte Fläche, die für den Bau des Tempels erforderlich war, mit Silbermünzen zu bedecken, so daß der Grundstückpreis am Ende auf 590 Millionen Rupien kam. Über eine Treppe gelangt man zum vierten Heiligtum von Dilvara, das dem 22. Tirthamkara Neminatha geweiht ist und viele Ähnlichkeiten mit dem Tempel des Vimala Shah aufweist. Dieser Kultbau wurde im Jahre 1230 von den wohlhabenden Brüdern Tejapala und Vastupala errichtet, die Minister des Königs Viradhavala der Vaghela-Dynastie in Gujarat waren.

Täglich spielen sich vor den Dilvara-Tempeln absonderliche Szenen ab. Die uniformierte indischen Polizei hat hier das Sagen. Man achtet peinlichst genau darauf, daß sich die Touristengruppen in einer Reihe anstellen. Dazu werden sie von einem Polizisten mit Trillerpfeife dirigiert, und erst wenn die Reihe kerzengerade steht, gibt er sich zufrieden. Zudem kommen aus einem quäkenden Lautsprecher fortlaufend irgendwelche Anweisungen. (Ich fühlte mich peinlichst an meine Einberufung zum Militär erinnert.) Dann filzt man jede einzelne Person wie auf dem Flughafen. Fotoapparate und andere nicht erlaubte Utensilien werden beschlagnahmt. Anschließend darf man die Tempel betreten. Dort patrouillieren dann uniformierte Beamte mit Pistolen und Schlagstöcken, so daß man glauben könnte, es herrsche Kriegsrecht.

Was dieses ganze Theater soll, kann ich nur vermuten. Dilvara gilt als eines der nationalen Heiligtümer Indiens und wird deshalb von der Polizei „geschützt". Merkwürdige Szenen ähnlicher Art habe ich im Geburtstempel Krishnas in Mathura erlebt; auch diese Stätte gilt bekanntlich als ein indisches Nationalheiligtum. (Der Gerechtigkeit halber muß noch erwähnt werden, daß man wenigstens so fair ist, vormittags das Dilavara-Heiligtum den Jainas zu überlassen und sie nicht durch Polizeipräsenz zu belästigen. Erst ab 12 Uhr mittags werden die Tempel dann unter „Polizeischutz" den Touristen geöffnet.)

Auf dem Berg Abu gibt es aber noch einen anderen Jaina-Tempel, der im Gegensatz zu Dilvara seinen eigenartigen Scharm bewahren konnte — Achal Garh. Der Tempel schmiegt sich an einen hoch aufragenden, schroffen Fels, gut zehn Kilometer von Dilvara entfernt. Von einem Parkplatz aus kommt man an verschiedenen Verkaufsbuden vorbei zu einem mächtigen Tor hin, dem letzten Rest eines alten Forts. Dann folgt eine steil ansteigende Gasse. Durch einen Korridor gelangt man links in einen Hof. Hier müssen die Schuhe ausgezogen werden. Und nun geht es einen steilen, schmalen Treppenstieg hinauf zum Tempelkomplex. Bevor man oben ist, wird einem noch die Kamera abgenommen.

Auf der ersten Plattform stehen zwei Tempel; der rechte ist dem Rishabha, der linke dem Kunthunatha geweiht. Die Statue dieses 17. Tirthamkara besteht aus vier Materialien: Gold, Silber, Kupfer und Messing. Hinter den beiden Tempeln reihen sich 24 kleine Kapellen der Tirthamkaras aneinander.

Eine Treppe führt nun nach oben zum Haupttempel. Der Kuppelsaal ist farbig ausgemalt. Links eine Kapelle des 22. Tirthamkara Neminatha, rechts eine des 23. Tirthamkara Parshvanatha. Die Hauptkapelle ist wie üblich dem ersten Tirthamkara Rishabha geweiht. Den Schrein zieren vier in den Himmelsrichtungen angeordnete Figuren des Rishabha; das Material besteht zu 20 Prozent aus Gold. An den Wänden finden sich interessante kolorierte Reliefs unter Glas, die Szenen aus der Geschichte der Jainas darstellen; unter anderem sieht man eine Darstellung des Ortes Dilvara.

Den Haupttempel kann man umwandeln. Von einer Brüstung bieten sich großartige Aussichten auf das Gebirge und in die tiefen Täler hinab. Durch Gitterfenster blickt man in die Hauptkapelle auf die übrigen drei Rishabha-Figuren des Schreins.

Über eine steile Treppe geht es dann zum Dachplatz des Tempels hinauf.

Dort oben, genau über der Hauptkapelle, steht eine weitere Kapelle mit vier vergoldeten Rishabha-Figuren.

Von den gegenüberliegenden Felsen hat man ein sehr fotogenes Panorama der gesamten Anlage von Achal Garh. In der Tiefe, nahe des Parkplatzes, entdeckt man einen weiteren Jaina-Tempel, der sehr geheimnisvoll wirkt. Er ist vollständig von dschungelartigem Gestrüpp umwuchert und scheint außer Betrieb zu sein. Leider konnte ich nicht herausfinden, was es mit diesem Tempel für eine merkwürdige Bewandtnis hat. Auf meine Anfragen bekam ich Antworten wie: „This temple is closed."

Das hätte ich mir fast denken können.

Girnar

Auf dem Girnar in Gujarat, dem wohl schönsten der heiligen Berge des Jainismus (den Sametashikhara und den Kailash einmal ausgenommen), fand der 22. Tirthamkara Neminatha die Allwissenheit. Er erreichte ein Alter von eintausend Jahren und ging dann auf dem gleichen Berg ins Nirvana ein.

Den Girnar sieht man schon von weitem, wenn man sich der Stadt Junagadh mit dem Bus nähert — eine gewaltige Felsnadel aus Granit, der Rest eines erloschenen Vulkans. Auf einem Plateau etwa in halber Höhe lassen sich aus der Ferne bereits jene Tempel erkennen, die zu Ehren des Neminatha errichtet wurden.

Junagadh ist eine lebendige Stadt mittlerer Größe mit zahlreichen Sehenswürdigkeiten, wie dem alten Fort Uparkot, und manchen romantischen Plätzen. Der Aufstieg zum Girnar beginnt rund sechs Kilometer vom Stadtrand entfernt. Ein von Stufen unterbrochener Weg führt, allmählich ansteigend, durch üppigen Wald. Rechterhand erheben sich die Felswände des heiligen Berges. Hoch oben erblickt man die kühn über dem Abgrund errichteten Terrassen der Tempelanlage. Ein Grat leitet dann den Weg hinüber auf die Felswände zu. Und dann beginnen erst die Strapazen.

Die Besteigung des Girnar ist ein wahrer Kraftakt. Gut 5000 Stufen müssen überwunden werden. Ich beging den Fehler, erst in der Mittagshitze aufzubrechen. Ständig kamen mir Gruppen von erschöpften Pilgern entgegen, die

Außenfassade eines Tempels auf dem heiligen Berg Girnar

wohl schon in der Kühle des Morgens losgegangen waren und nun in der Hitze den Berg eiligst verließen. Manche schüttelten den Kopf, als sie sahen, daß ich mich erst jetzt auf den Weg machte. Die kritischste Strecke der Besteigung waren die Hunderte Meter aufragenden Felswände, die durch die steil auftreffenden Sonnenstrahlen fast glühten. Glücklicherweise aber braucht man auf den Weg überhaupt nichts mitzunehmen, da in regelmäßigen Abständen Erfrischungsmöglichkeiten geschaffen sind. Und dann dieses fantastische Panorama auf die bewaldeten Bergkämme ringsum, die vielleicht einst den Kraterrand des alten Vulkans gebildet hatten. Alleine dafür schon lohnen sich die Mühen des Aufstiegs.

Endlich erreichte ich das Ende der Treppe. Durch ein Tor gelangte ich auf eine schmale Gasse. Schweißüberströmt und völlig außer Atem ließ ich mich auf einem Mauervorsprung nieder.

Und nach einer Weile, als ich mich ein wenig erholt hatte, erschien es mir gar nicht so falsch, erst gegen Mittag zum Girnar aufzubrechen. Denn, wie es aussah, war ich der letzte Besucher hier oben. Es war merkwürdig still. Wie an einem verwunschenen Ort. Auch nach Minuten regte sich nichts. Niemand schien sich mehr aufzuhalten in dieser Tempelstadt in luftiger Höhe ... Doch

— da waren ein paar Gestalten, die von einem Hausdach zu mir herabschauten: eine Affenmutter mit ihrem Kind auf dem Arm und noch zwei oder drei andere Verwandte ihrer Familie.

Die meisten der kleinen Tempel, die sich an den bizarren Felsen über der Gasse staffeln, waren geschlossen oder außer Betrieb. Hoch oben, auf der Spitze des Berges, gibt es noch ein kleines hinduistisches Heiligtum, das einer Urform der Parvati geweiht ist.

Ich nahm die Kamera heraus. Und als ich die zweite Aufnahme gemacht hatte, tippte mir jemand von hinten auf die Schulter. Fotoverbot. Ich wollte die Kamera wieder einpacken. Doch damit gab er sich nicht zufrieden.

„Her damit. Wenn Sie gehen, sagen Sie bitte Bescheid."

Und da lief er davon mit meiner Kamera, zu jenem Häuschen hin am Anfang der Gasse.

Viele Tempel auf dem Girnar haben sehr sonderbare Kuppeln, die mit Mosaiken überzogen sind und an Moscheen erinnern. Etwas Derartiges hatte ich bislang nirgends bei Tempeln der Jainas gesehen. War das etwa eine Architekturform aus der Zeit der islamischen Eroberung — eine Art Tarnung, die den Moslems glauben machen sollte, es handle sich hier um Einrichtungen ihres Glaubens?

Durch ein Portal in der Begrenzungsmauer der Gasse betrat ich den Vorhof eines Tempelkomplexes, den drei dieser eigenartigen Mosaik-

Der heilige Berg Girnar

kuppeln krönen. Unter der mittleren erstreckt sich eine Halle mit einer Säulenvierung. Der Altarraum birgt eine Statue des Parshvanatha aus schwarzem Gestein. Die linke Seitenhalle (vom Portal gesehen) wird vollständig von einem Stupa ausgefüllt, der durch eine schmale Säulengalerie zu umwandeln ist. Der Stupa kann auch über Treppen bestiegen und dann in verschiedenen Höhen weiter umwandelt werden. Oben, unter der spitzen Krone, sind in den Himmelsrichtungen vier Tirthamkara-Figuren angeordnet, die den Parshvanatha darstellen. Eine davon ist mit jenem den Parshvanatha charakterisierenden Schirm aus Schlangenköpfen ausgestattet. Die rechte Kapelle hat genau die gleiche Gestalt, nur stellen die dortigen Tirthamkara-Figuren unter der Spitze des Stupas den Rishabha dar.

Initiator dieses Dreifachtempels waren im 13. Jahrhundert die Brüder Tejapala und Vastupala, die auch in Dilvara auf dem Berg Abu einen Tempel errichten ließen.

Auf der anderen Seite der Gasse gelangt man durch einen Korridor, einen kleinen Innenhof und dann durch ein Tor zu einem quadratischen, mit Steinplatten gepflasterten Platz, wo sich der Haupttempel des Girnar erhebt — geweiht dem Neminatha. Die mächtige Statue dieses 22. Tirthamkara im Innern ist aus schwarzem Gestein. Der Platz wird von Laubengängen und Kapellen umgeben. Die Säulen der Lauben sind aus Granit gefertigt. Und ich traute meinen Augen

Die Stadt Junagadh am Fuße des Girnar

nicht so recht, als ich plötzlich erkannte, daß die unvorstellbar detailliert gestaltete, mit unzähligen Reliefs überzogene Fassade des Haupttempels ebenfalls aus Granit besteht. Ich verließ die Lauben und trat näher an den Haupttempel heran ... Tatsächlich, Granit. Ich kann mir nicht vorstellen, wie es möglich ist, derart spielerisch mit einem solch harten und spröden Gestein umzugehen.

Die Affenfamilie von vorhin war mit gefolgt und tummelte sich jetzt über den Lauben.

Eine Treppe führt zu einer weiteren Tempelplattform hinab. In der Mitte das Haupttheiligtum. Die Seitentempel sind von Mosaikkuppeln gekrönt. Dazwischen Lauben mit Kapellen. Immer wieder öffnen sich neue Säulengalerien. In einem Kuppelraum befindet sich ein Stupa. Darüber, an der Decke, ein Marmorschirm von unglaublicher Detailarbeit. Stufensockel sowie kubischer Aufbau des Stupas bestehen aus Marmor. An den vier Seiten des Aufbaus sind in Relief die 24 Tirthamkaras abgebildet, und zwar wie folgt angeordnet: vom Eingang im Uhrzeigersinn 10:2:4:8. Eine Kapelle zur Talseite hin enthält eine Tirthamkara-Figur aus Granit.

Über eine Treppe gelangte ich auf eine dritte Plattform hinunter. Der Tempel dort ist weniger detailliert gestaltet, jedoch erzeugt ein Gitter quadratischer, bunter Glasfensterchen im Innern des kleinen Kuppelraums ein schönes Lichtspiel. Ein mit weißem Mosaik überzogener Steinbalkon an der Talseite bietet einen atemberaubenden Weitblick. Von hier aus sieht man auch noch einige andere kleine Tempel an den Felswänden nebenan. Man erkennt aber keinen Zugang zu ihnen. Vermutlich sind sie geschlossen.

Allmählich ging der Tag zur Neige, und es wurde Zeit, den heiligen Berg zu verlassen. Den Himmel im Westen überspannte schon ein feuriges Abendrot. Aus der Tiefe hörte man leises Glockenschlagen. In der Ferne das Lichtermeer von Junagadh. Als ich die endlosen Stufen an den Felswänden hinter mir hatte, herrschte bereits Finsternis. Doch nun war der Weg nicht mehr so schwierig. Um mich herum die Silhouetten der Baumwipfel. Ein angenehmes Windchen. Leises Rauschen in den Bäumen. Grillen zirpten. Und über mir der klare Nachthimmel mit seinen Sternbildern des Südens.

Shantrunjaya

Der heilige Berg Shantrunjaya erhebt sich über der Kleinstadt Palitana in Gujarat, nur rund 150 Kilometer östlich des Girnar. Palitana ist eine sympathische Ortschaft, an die man sich gerne erinnert. Die Bewohner sind freundlich, offen und herzlich. Und hier findet man auch nicht diese beklemmende Armut wie in manchen anderen Gegenden Indiens.

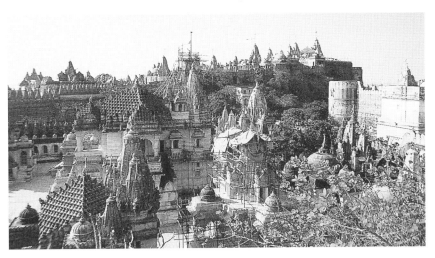

Tempel auf dem heiligen Berg Shantrunjaya

Shantrunjaya ist unbeschreiblich, ein Weltwunder, König aller Tempelberge und ein Ort von geheimnisvoller spiritueller Ausstrahlung. Die heilige Stätte, die sich über die beiden Gipfel des Berges und die dazwischenliegende Schlucht erstreckt, setzt sich aus insgesamt 863 Einzeltempeln und Kapellen zusammen und birgt sage und schreibe 270.000 Figuren (die Halbreliefs an den Tempelfassaden mit eingerechnet).

In der Schrift Atmaprabodha heißt es: „Allein durch das Berühren des Shantrunjaya werden große Sünder der Himmelswonnen teilhaft, Leute aber, die gute Taten vollbrachten, erlangen in kurzer Zeit die Vollkommenheit ... Mit jedem Schritt, mit dem man sich dem Shantrunjaya-Berg nähert, wird man von Sünden, die Tausende von Kotis von Geburten zur Folge haben würden, befreit."

Nach der traditionellen Historie der Jainas erbaute der legendäre erste Herrscher von Indien, Cakravartin Bharata, einst auf dem heiligen Berg Kailash — wo sein Vater, der erste Tirthamkara Rishabha, die letzte Vollendung erlangt hatte — einen Tempel. Danach errichtete Bharata noch einen Tempel auf dem Shantrunjaya. Wann in historischer Zeit mit der Bebauung des Berges begonnen wurde, läßt sich nicht eindeutig sagen; man glaubt, daß im 4. Jahrhundert die ersten Heiligtümer des Shantrunjaya entstanden. Auch die Brüder Tejapala und Vastupala haben auf dem Berg gebaut. Während der moslemischen Eroberungen wurde die heilige Stätte übel zugerichtet. Erst seit dem Edikt des Kaisers Akbar aus dem Jahre 1593 ist der Shantrunjaya den Jainas als Weihestätte sicher, so daß man annehmen kann, daß die meisten Bauwerke des Berges nicht älter als 400 Jahre sind.

Den Aufstieg zum Shantrunjaya sollte man (wie eine Bergbegehung) früh am Morgen beginnen. Und es empfiehlt sich, etwas Wasser mitzunehmen. Der Pilgerpfad zu den Tempeln ist fast vier Kilometer lang und mit über 3000 Stufen versehen. Man kann sich auch — was allerdings nicht billig ist — in einem Dooli tragen lassen. Das ist eine Art Trageschaukel, die an einer Bambusstange baumelt, welche zwei Träger auf die Schultern nehmen.

Ich stand am Morgen um 5.30 Uhr auf der menschenleeren Straße vor dem Shravak-Hotel in Palitana. Keine Rikscha. Ich war erst am Abend zuvor angekommen und hatte mich noch nicht nach dem Weg zum heiligen Berg erkundigt. Doch glücklicherweise kam eine Pferdekutsche vorbei und nahm mich mit.

Wir fuhren durch verwinkelte, dunkle Gassen. Vor einigen Häusern hatten sich Kühe niedergelegt. Ein Hindu-Tempel war bereits mit bunten Lichterketten erleuchtet; religiöse Musik dröhnte aus einem Lautsprecher. Vor einem kleinen Teerestaurant, das eben erst geöffnet hatte, machten wir kurz Halt. Dann ging die Fahrt auf einer breiten, fast geraden Straße direkt zum Tempelbezirk unterhalb des Berges. Noch immer keine Spur des nahenden Tages. Doch die Tempel ringsum waren schon festlich erleuchtet, und sakrale Gesänge drangen auf die Straße. Pilgergruppen formierten sich. Auch ein paar Buden mit Obst und Getränken hatten schon geöffnet, und mancher nutzte noch schnell diese Gelegenheit, um sich eine Erfrischung für den langen Weg zu den Gipfeln zu besorgen.

Ich kaufte mir einen Wanderstab aus Bambus und begann dann auf der breiten Freitreppe den Aufstieg.

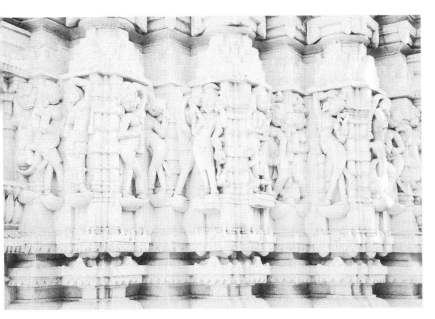

Reliefs an den Fassaden des Haupttempels von Shantrunjaya

Die Pilger um mich herum hüllten sich in Schweigen. Nur das Klappern ihrer Stöcke auf den Stufen war zu hören. Ich wollte in der Kühle des Morgens so weit wie möglich kommen und hatte deshalb die Pilger schnell überholt. Bald kam ich zu einer mit Steinplatten gepflasterten Straße, auf der es sich angenehm gehen ließ. Ein lauer Wind wehte. Im Osten, über einem See, die Morgenröte. Vor mir die bizarren Silhouetten des Shantrunjaya. Der Berg ist mit Akazienbüschen und einer Art Kaktusstrauch bewachsen. Es gibt auch Teiche auf verschiedenen Höhenstufen. — Nach einer Zeit begannen die Treppen; endlose Himmelsleitern, immer höher und höher hinauf. Jetzt hörte man auch wieder die religiösen Gesänge vom Tempelbezirk am Fuße des Berges; sie sorgten für eine feierliche Atmosphäre. Dann ging die Sonne auf und veränderte die Stimmung. Der Wind ließ nach, Schweißperlen traten auf meine Stirn. Erschöpft ließ ich mich auf den Stufen nieder. Nun überholten mich Pilger, die ich später, als sie rasteten, wieder einholte. Zwei junge Mädchen hatten an mir Interesse gefunden und blieben mir stets auf den Fersen, um mich über allerlei Dinge auszufragen. Als wir uns eine Weile auf den Stufen ausruhten, kam uns ein Ehepaar entgegen. Der Mann trug ein weißes Gewand, ging barfuß, eine Feldflasche umgehängt, in der Rechten einen Wanderstab. Seine Gemahlin war in farbenfrohe Saris gehüllt, ebenfalls barfuß.

„Das sind unsere Eltern", erklärte eines der Mädchen.

„Sie haben zwei kluge Töchter", rief ich.

Das Ehepaar kam heran, begrüßte mich freundlich und bot mir zu trinken, Nüsse und Plätzchen an. Und in dieser angenehmen Gesellschaft gelangte ich schließlich hinauf zur heiligen Stätte.

Merkwürdigerweise sieht man während des Aufstiegs zum Shantrunjaya noch überhaupt keine Tempel und ahnt deshalb auch nichts von dem Ausmaß der Anlage auf den beiden Gipfeln. Am Ende der Treppe erstreckt sich ein weites Plateau, und erst jetzt erblickt man den Nordgipfel. Es ist ein kantiger Felsblock, der, wie es scheint, nur eine trutzige Festung trägt. Noch einmal kommen Stufen. Dann eine Straße mit Brüstung, die um den Nordgipfel herumführt. Und erst allmählich zeigt sich der Südgipfel mit seinen vielen Tempeltürmchen.

Und noch immer hat die gesamte Anlage aus diesem Blickwinkel eher den Charakter einer Festung. Durch ein großes Portal gelangt man in einen schattigen Hof. Man wendet sich nach links und kommt wieder zu Treppen. Ein Tor. Weitere Treppen. Je höher man steigt, desto mehr entfaltet sich der Scharm der heiligen Stätte. Noch ein Tor. Und jetzt findet man sich auf einer leicht ansteigenden Straße, die in regelmäßigen Abständen von Stufen unterbrochen wird und geradewegs durch einen wahren Dschungel von Tempeln unterschiedlicher Größe führt.

Man ist nun nicht mehr in der Lage, diese Flut von Details, die von allen Seiten auf einen einströmen, zu verarbeiten, und gibt sich einfach der eigenartigen Atmosphäre des Ortes hin. Jeder der zahllosen Tempel ringsum ist für sich unvergleichlich schön, und es fällt nicht leicht, eine Entscheidung zu treffen, welches der Bauwerke man besichtigen soll.

Ich trat in ein kleines Portal, links, gleich am Anfang der Straße, und fand mich in einer wundervollen Säulengalerie, die um ein Kuppelgewölbe — über und über verziert — herumführt. Überall kleine Kapellen mit andächtig ruhenden Statuen der Tirthamkaras. Ich gelangte zu einem Innenhof. Dann kamen wieder Laubengänge, Kapellen. Am meisten erstaunte mich eine gewaltige, aus einem einzigen Marmorblock gemeißelte Bildsäule mit einer Detailarbeit von unvorstellbarer Virtuosität.

Wieder zurück auf der Straße, glaubte ich schon, den Höhepunkt der Bild-

Laien und Mönche vor dem Haupttempel des Shantrunjaya

hauerkunst von Shantrunjaya gesehen zu haben. Dann, ein paar Schritte weiter, zog die Portalfront eines kleinen Tempels aus fast weißem Marmor meinen Blick auf sich. Beim Näherkommen erkannte ich einen feinen Fries, der sich aus unzähligen Reliefs zusammensetzte, welche Tirthamkara-Figuren – jede kleiner als ein Zentimeter – darstellten. Auf der rechten Seite des Portals war eine geometrische Figur abgebildet, die jene Gestalt der kreisförmigen, von Menschen bewohnten Mittelwelt zeigte, wie sie in der traditionellen Kosmografie der Jainas beschrieben wird. Vor dem Portal die Statue eines Elefanten von der gleichen Marmorart. Ein schmaler Durchgang zwischen diesem kleinen Tempel und dem sich daran anschließenden brachte mich zu einem bunt ausgemalten Kuppelsaal, welchem sich ein Kapellenraum mit einem Ensemble aus reich verzierten Statuen der 24 Tirthamkaras anschloß.

Und doch ist diese ganze Pracht, die man hier erleben kann, erst eine Vorbereitung auf den Haupttempel.

Am Ende der Straße angekommen, läuft man nach links über einen freien Platz und gelangt durch ein Tor, das von zwei berittenen Steinelefanten bewacht wird, in einen von rosafarbenen Mauern eingefaßten Innenhof. Von da führt eine Treppe durch einen engen Korridor hinauf zur Plattform des Haupttempels, dem höchste Ort des Shantrunjaya-Heiligtums.

Zu dieser frühen Stunde empfangen einen dort oben sakrale Gesänge; ab und zu schlägt eine Glocke. Eine zauberhafte Atmosphäre. Beim Herangehen erscheint der hoch aufragende Tempel wie ein Mikrouniversum, in dem auch dem feinsten Detail sein fester Platz zugewiesen ist. Immer mehr und mehr Einzelheiten treten hervor, je länger man die Fassaden betrachtet. Figuren an Figuren, wieder- und wiederkehrende Formprinzipien, die allmählich zu höheren Einheiten integrieren, es ist, als öffneten sich nach und nach die Weiten unbekannter Dimensionen.

Um den Tempel gruppieren sich noch viele kleinere Heiligtümer und Schreine — alle gleichfalls überreich in ihrer Detailgestaltung –, und die Plattform ist an drei Seiten von Laubengängen und unzähligen kleinen Kapellen mit Statuen umgeben. Ein seitlicher Durchgang führt zu einem zweiten prachtvollen Kultbau, der sich in der Mitte eines kleinen Platzes aus spiegelnden Marmorplatten erhebt, umgeben von Wandelgängen mit Kapellen und Statuen. Nach einem Rundgang begab ich mich wieder zu dem Haupttheiligtum, legte den Wanderstab ab und betrat durch das vordere Portal den hohen Kuppelsaal, wo gut zwei

Eine der Tempelhallen auf Shantrunjaya

Dutzend Pilger meditierten oder aus heiligen Texten mit singender Stimme rezitierten. Ich ließ mich auf dem Marmorboden nieder und genoß die andächtige Stimmung, die den Saal erfüllte. Der Tempel ist dem ersten Tirthamkara Rishabha geweiht, dessen gekrönte Statue man durch ein fensterartiges Gitter aus massivem Silber erkennen kann. In der Mitte des Saals steht ein flacher, schwerer Silbertisch, auf dem mit Reiskörnern Svastikas gestreut waren.

Auch die Eheleute von vorhin hatten sich eingefunden. Und nun erschienen auch ihre beiden Töchter. Nachdem sie mir ein flüchtiges Lächeln geschickt hatten, vollzogen sie eine dreifache Niederwerfung und verharrten dann auf dem Boden in stiller Meditation.

Hier konnte ich wieder einmal live einen der großen Vorzüge des Jainismus gegenüber dem Buddhismus erleben. Es ist ganz und gar undenkbar, daß sich in einem buddhistischen Kloster oben in der Himalaya-Region Gruppen von Laien einfinden, den großen Tempelsaal belegen und dort Meditationen durchführen oder aus heiligen Texten rezitieren. Das Areal der Tempelsäle gehört den Mönchen alleine. Für die Laien gibt es feste Besuchszeiten. Diese gehen dann — oft zwischen fotografierenden Touristen — in gebückter Haltung durch den

Laubengang mit Tirthamkara-Statuen um eines der Heiligtümer auf Shantrunjaya

Tempelraum, berühren flüchtig mit der Stirn die heiligen Statuen, legen weiße Opferschleifen nieder und ziehen sich, nachdem sie an die Mönche eine kleine Geldspende entrichtet haben, wieder zurück. Bei den Jainas ist das ganz anders. Hier gehören die Tempel allen, und ein jeder kann die religiöse Einrichtung nach Belieben benutzen.

Ich wechselte meinen Platz. Unterhalb der Kuppel gibt es eine Art Rundempore; dort oben saß ich lange, schaute auf die Pilger herab und lauschte ihren Rezitationen. Nebenan, genau über dem Altarraum, befindet sich noch eine kleine Kapelle mit einem schönen Schrein, den vier in den Himmelsrichtungen angeordnete Rishabha-Statuen zieren. Durchgänge und Treppen führen auf Balkone hinaus, zu kleinen Dachplätzen und zu Gängen über den Mauern. Und immer wieder überrascht ein neuer Ausblick auf die Türmchen, Kuppeln und Zinnenmauern von Shantrunjaya.

In der Schlucht zwischen den beiden Gipfeln des heiligen Berges erstreckt sich ein weiterer Tempelkomplex, wieder mit langen Wandelgängen, Kapellen und Statuen. Im großen Kuppelsaal wundert man sich über bunte, sehr eigenartig geformte Lampen, die von der Decke herabhängen. Der Hauptkapellenraum birgt eine der berühmtesten und meist verehrten Statuen der Jainas: einen gekrönten Rishabha-Adinatha. Es gibt auch noch einen zweiten, allerdings etwas kleineren Tempel in der Schlucht. Hier ist die Kuppel des Saals ausgemalt. Der Altar zeigt sich als wundervolle, virtuose Detailarbeit mit vier Figuren des Rishabha; auch die Rundbögen der Altarnische sind bemalt.

In einem unscheinbaren Tempel an der Felswand des Nordgipfels (zur Schlucht hin) befindet sich die größte Figur von Shantrunjaya: eine sieben Meter hohe Darstellung des Rishabha aus Granit. Der Nordgipfel ist etwas kleiner, hält aber auch eine Fülle von Überraschungen bereit. Der Haupttempel ist hier ebenfalls dem Rishabha geweiht. In einem Tempel nebenan sind 52 Bildsäulen aufgestellt, von denen eine schöner als die andere ist. Durch einen engen, verwinkelten Gang fand ich zu einem romantischen Hof. Ein Baum spendete Schatten. Der kleine Tempel hier wirkt verhältnismäßig schlicht. Doch wie erstaunt war ich, als ich durch das winzige Portal trat. Hier steht ein merkwürdiger Schrein von der Form eines viereckigen Turms mit spitzer Haube. Unten am Sockel vier in die Himmelsrichtungen weisende Halbreliefs des Rishabha. Die Flächen des Schreins sind vollständig mit winzigen Tirthamkara-Abbildungen überzogen. Rechts an der Wand (vom Eingang) ein Relief der „Weltfrau": eine den Jainas eigene symbolische Darstellung des Kosmos.

Die Tirthamkaras Mahavira, Shantinatha und Parshvanatha

Der Shantrunjaya zählt ohne Zweifel zu den großen Wundern der Erde. Doch nicht bloß die Dimensionen seiner Tempelanlagen, die Virtuosität der Steinmetzkunst und die wunderbare Lage inmitten der weiten Ebene Gujarats machen den Ort so bemerkenswert, es ist dies auch der eigenartige magische Zauber des Berges selbst, den man sich freilich schwer erklären, wohl aber intensiv fühlen kann und der auch vor langer Zeit schon Menschen dazu veranlaßt haben muß, auf seinen Gipfeln Kultstätten zu weihen.

Als die Sonne schon hoch stand, ging ich wieder hinüber zum Südgipfel. Noch immer drangen Gesänge aus dem Haupttempel, doch die andächtige Stimmung des Morgens war nun einem regen Treiben gewichen. Immer mehr Besucher strömten in die heilige Stätte. Frauen trugen Blumenpaletten, um sie den Tirthamkaras zu opfern. Und auf dem Platz vor dem Haupttempel hatten sich Männer in weißen Ordensgewändern niedergelassen und warteten darauf, ihre Devotionen in dem Heiligtum darbringen zu können. Ich beobachtete aus respektvoller Distanz das Treiben, bis die Sonne tief am Horizont stand und mich jemand darauf aufmerksam machte, daß die Tempel mit Einbruch der Nacht geschlossen würden.

VII. Die Gestalt der Welt und ihre Individuen — Praxis und Symbolik der Jainas

An diesem Abend hatte ich noch einen sehr wichtigen Termin: Jambudvipa, das wissenschaftliche Forschungszentrum des Jainismus am Fuße des Shantrunjaya-Berges. Mich interessierten vor allem die Fragen, ob und inwieweit dieses traditionelle jainistische Weltbild, welches von der alten vedischen Vorstellung einer meerumflossenen, überwölbten Erdscheibe hergeleitet, aber im Gegensatz dazu allseitig mathematisch durchgearbeitet ist, heute noch irgendeine Bedeutung hat, und wie die Jainas zu den Erkenntnissen westlicher Astronomie stehen — ich sollte eine Überraschung erleben.

Dieses wissenschaftliche Jaina-Zentrum von Palitana, das, wie ich von einem jungen Mann in weißem Ordensgewand erfahren hatte, täglich ab 19 Uhr der Öffentlichkeit zugänglich ist, besteht aus zwei Gebäuden (mit Schulungsräumen, einem Büro, Bibliothek, Versammlungsraum etc.) und einer Art Rondell, das einen Innenhof umschließt, sowie einem sich daran anschließenden Tempelkomplex. In den Abendstunden werden im Zentrum Vorträge und Seminare über die Gestalt der Welt gemäß den Traditionen des Jainismus angeboten.

Die Mittelwelt

Die Kosmografie nimmt innerhalb der Jaina-Doktrin einen sehr wichtigen Platz ein; schon Mahavira soll in vielen Lehrreden den Aufbau des Universums mit seinen Sphären und die von Menschen bewohnte Welt (Manushyaloka genannt) minutiös beschrieben haben. Und auf diese seine Lehren beziehen sich auch die vielen Traktate über Kosmos und Menschenwelt innerhalb des heiligen Schriftwerks beider Jaina-Konfessionen. Bei den Digambaras sind es vor allem die fünf Parikarmas und Werke wie das Trailokyadipika des Indravamadeva, und unter den kanonischen Büchern der Shvetambaras ist es die textlich umfangreiche Sammlung der zwölf Upangas, die sich mit jener kosmografischen und metaphysischen Thematik befassen.

Nach diesen Lehrsätzen der heiligen Jaina-Schriften befindet sich genau in der Mitte zwischen der Oberwelt und der Unterwelt der Kontinent Jambudvipa, auf dem wir leben. Dieser hat die Gestalt einer kreisförmigen Scheibe; das Zentrum bildet der Weltberg Meru; umflossen wird Jambudvipa von einem Salzmeer (Lavanoda). Das Salzmeer ist umgeben von dem ringförmigen Kontinent Dhatakikhanda, der von einer schwarzen See (Kaloda) umspült wird. Dann folgt der Ringkontinent Pushkara (oder Pushkaravaradvipa, was etwa „Blauer-Lotos-Kontinent" bedeutet). Pushkara ist geteilt durch das Ringgebirge Manushottara, welches die Welt der Individuen begrenzt; d. h. nach Manushottara und auf den weiteren Ringkontinenten ist keine Lebensform mehr anzutreffen, wie wir sie kennen; es herrscht nur noch Starre, und ausschließlich göttliche Wesen sind im Stande, diese Regionen zu besuchen und dort zu existieren. Der letzte Ringkontinent ist Svayambhuramana. Dann erstreckt sich eine See gleichen Namens bis zum Ende der Mittelwelt.

Auch in den hinduistischen Puranas, heilige Schriften, die in den ersten nachchristlichen Jahrhunderten entstanden, wird Jambudvipa als kreisförmige Scheibe beschrieben, die durch sechs parallel von Osten nach Westen verlaufende Gebirgszüge in sieben Zonen unterteilt wird; in der Mitte erhebt sich der Berg Meru. Augenscheinlich ist, daß dieses Weltbild aus dem Bedürfnis nach Harmonie und Symmetrie aber auch in Einklang mit geografischen Verhältnissen konstruiert wurde. Die südliche Randzone ist Bharata (Indien). Dann folgt das erste Gebirge, der Himalaya. Die nächste Landzone entspricht dem südlichen Tibet, das zweite Gebirge dem Trans-Himalaya, die dritte Landzone dem Jangthang-Plateau und das Gebirge Nummer drei den Ketten des Kunlun, Karakorum und Hindukush. Die innere Region von Jambudvipa ist möglicherweise mit dem Tarim-Becken und der Berg Meru mit dem Tien-Shan oder dem Pamir gleichzusetzen, die im alten Indien nur sagenhaft bekannt waren. Die gleichgestaltete nördliche Hälfte von Jambudvipa hat dann keine realen Bezüge mehr und läßt sich vermutlich nur aus jener Vorliebe für Symmetrie erklären.

Die indischen Buddhisten haben in den ersten nachchristlichen Jahrhunderten ein anderes Weltbild entworfen. Nach diesem erhebt sich inmitten des Salzozeans der Berg Meru, umgeben von vier Hauptkontinenten mit je zwei Nebenkontinenten. Der große südliche Kontinent ist Jambudvipa, der die Form eines Trapezes hat (gewiß von der geografischen Gestalt Indiens hergeleitet). Das Weltbild der Jainas dagegen gleicht jenem der Hindus, nur haben die Jainas ihr Bild von der Welt noch viel komplexer und detaillierter gestaltet. Sie beschreiben beispielsweise noch vier Gebirge in der inneren Zone von Jambudvipa (Videha genannt), die vom Berg Meru wie Lotosblätter in den Zwischenrichtungen der Windrose abgehen, des weiteren Seen innerhalb der Bergketten und andere topografische Einzelheiten bis ins feinste Detail. Die Jainas bemühen sich auch um exakte Maßangaben. So soll Jambudvipa einen Durchmesser von 100.000 Yojana[1] und der Weltberg Meru eine Höhe von 99.000 Yojana haben, wobei der Berg noch 1000 Yojana ins Erdreich hinabreichen soll. Auch über Gebirgsketten, Meere, Flüsse etc. finden sich genaue Angaben. Auffallend dabei ist, daß sich die gesamte Mittelwelt in Gestalt einer geometrischen Progression ausbreitet, d. h. die Lavanoda-See ist 200.000 Yojana breit, der Ringkontinent Dhatakikhanda 400.000, die Kaloda-See 800.000, der Pushkara-Kontinent 1.600.000, die nächste See 3.200.000 usw.

Das Universum

In 790 bis 900 Yojana Höhe über der Mittelwelt befinden sich die Orbits der Gestirne, die sich in einheitliche Systeme gliedern, d. h. zu je einer Sonne, einem Mond, 28 Mondstationen (sogenannten Nakshatras), 88 Planeten und 6.697.500.000.000.000.000 Sternen. Jambudvipa besitzt zwei dieser Systeme (d. h. auch zwei Sonnen und zwei Monde), die ihre Kreisbahn um den Meru ziehen, wodurch der Wechsel von Tag und Nacht zustande kommt. Ein voller Tag in Jambudvipa entspricht jeweils einem halben Umlauf der immer in Konjunktion zueinander stehenden beiden Sonnen um den Zentralberg. Von Jambudvipa nach außen erhöht sich die Anzahl der Gestirnsysteme entsprechend

---

[1] *Über dieses altindische Längenmaß fand ich unterschiedliche Angaben; in europäischen Quellen: 2 geografische Meilen (d. h. 2x7421,5 m) sowie 4 oder 18 km; in einer asiatischen Quelle: „a yojana equivalent to 6,6 miles on the earth".*

der sich in geometrischer Progression ausbreitenden Dimensionen. Nach dem Ringgebirge Manushottara hört die Bewegung der Gestirne dann auf; dort draußen ist ewige Stille und Starre.

Da die beiden Monde über Jambudvipa in einer Kreisbahn den Meru umlaufen, kommen sie natürlich auch nicht als Ursache für die Gezeiten in Frage. Die Erklärung dieses Naturphänomens liegt nach den Jainas in den sogenannten Patalas, worunter man gewaltige unterseeische, faßförmige Höhlungen zu verstehen hat, die genau in den Kardinalrichtungen angeordnet sind. Ein Patala besteht im unteren Drittel aus Winden, darüber aus Wasser mit Winden und im obersten Drittel nur noch aus Wasser. Auf Grund der heftigen Turbulenzen, die sich durch das Übereinander und Vermischen von Wasser und Winden ergeben, werfen die Patalas ständig beträchtliche Wassermassen aus, die dann wieder zurücklaufen. Und diese Vorgänge machen sich an der Küste als Gezeitenwirkung bemerkbar.

Um nun die Dimensionen des nach ihren Ansichten unerschaffenen und unzerstörbaren Universums beschreiben zu können, haben die Jainas das Rajju-Maß erfunden. Es heißt, ein Rajju entspricht der Strecke, die ein göttliches Wesen in sechs Monaten zurücklegt, wenn es sich jeden Augenblick 2.057.152 Yojana weit fortbewegt.[1] Von der Mittelwelt — wo wir leben — ausgehend, dehnt sich das Universum sieben Rajju in Richtung Zenit und eben soweit in Richtung Nadir aus. Das All hat nun folgende Gestalt: An seiner tiefsten Stelle mißt es sieben mal sieben Rajju. Nach oben hin verjüngt es sich und erreicht in Höhe der Mittelwelt einen Durchmesser von einem Rajju. Weiter nach oben dehnt sich das All wieder aus, bis es in der Mitte der Himmelssphären auf einen Durchmesser von fünf Rajju kommt, um dann wieder zu schrumpfen und an seinem höchsten Punkt schließlich einen Durchmesser von einem Rajju zu erreichen. Dort oben liegt die Region Ishatpragbhara, die Welt der erlösten Seelen. Eingeschlossen ist das All von einer Sphäre dichten Wassers, einer weiteren Sphäre aus dichten Winden und einer dritten Sphäre aus dünnen Winden. Danach dehnt sich die Leere aus, und es herrscht ewige Finsternis (vgl. auch Abb. auf S. 146 oben).

Der Bereich der Unterwelt — d. h. das höllische Universum — gliedert sich in sieben Sphären zu insgesamt 84.000.000 Einzelhöllen, die Oberwelt dage-

---

[1] Angaben bei Kirfel und v. Glasenapp nach Colebrooke. In asiatischen Quellen fand ich die Angaben: „innumerable yojanas" und „between $10^{18} - 10^{21}$ km", d. h. umgerechnet zwischen 100.000 und 100.000.000 Lichtjahre.

gen in zehn oder elf Himmelsbereiche. Was jedoch der Rauminhalt des Kosmos, verschiedene Einzelheiten seiner Gestalt und die Verteilung der Himmelssphären betrifft, so variieren die Angaben bei beiden Konfessionen des Jainismus, den Digambaras und Shvetambaras. Im großen und ganzen aber kann man sagen, daß die Gestalt des jainistischen Universums einer aufrecht stehenden Frau mit Rock und Mütze gleicht. Deshalb wird bei den Jainas auch häufig das Weltall symbolisch als Frau dargestellt.

Die Grundwahrheiten

Die Philosophien des Jainismus und des indischen Buddhismus sind von ihren Denkansätzen und Sichtweisen her sehr verschieden.
Alle buddhistischen Lehrsysteme vertreten vier Grundansichten:
1. Alle Produkte sind unbeständig.
2. Alles Befleckte ist leidvoll.
3. Alle Phänomene sind selbstlos.
4. Nirvana ist Frieden.

Von allen buddhistischen Schulen werden außerdem die Vier Erhabenen Wahrheiten gelehrt — d. h. die Wahrheit des Leidens, die Wahrheit vom Entstehen des Leidens, die Wahrheit vom Vergehen des Leidens und die Wahrheit vom achtgliedrigen Pfad zum Vergehen des Leidens. Ferner lehren alle buddhistischen Schulen, daß das physisch-psychische Individuum aus fünf Aggregaten gebildet wird: Körper, Empfindung, Wahrnehmung, Gestaltungskräfte und Bewußtsein. Zudem gibt es die Kategorie der zwölf Sinnesbereiche (nämlich Auge, Ohr, Nase, Zunge, Körper, Geist und die dazugehörigen äußeren Sinnesbereiche: Form-, Klang-, Geruchs-, Geschmacks-, Körperempfindungs- und Phänomen-Bereich) u. a. Einteilungen.

Die Philosophie des Mahayana-Buddhismus läßt sich auf zwei Grundwahrheiten bringen:
1. Absolute Wahrheit. Die nicht-inhärente Existenz (d. h. die Leerheit, Sanskrit: Shunyata) aller Phänomene.
2. Konventionelle Wahrheit. Die Unterscheidung und Betrachtungsweise

der Phänomene. Dazu zählen die obigen fünf Aggregate, die zwölf Sinnesbereiche, die 18 Elemente etc.

Die Sichtweise der Jainas ist nun ganz anders. Ihre Lehre betrachtet sieben Kategorien (Padarthas) oder besser Grundwahrheiten (speziell in der Shvetambara-Tradition sind es sogar neun), von denen die ersten beiden die ewigen und unzerstörbaren Entitäten zusammenfassen:

1. Jiva (die Seelen): Sie sind in unendlich großer Zahl vorhanden, bilden individuelle, vollständig ranggleiche Einheiten, sind nicht-materiell und unvergänglich.

2. Ajiva (das Ungeistige): Gliedert sich auf in die fünf Entitäten:

Dharma: Selbst ohne Bewegung (und auch ohne Geschmack, Farbe, Geruch, Klang), schafft er doch die Voraussetzung, daß sich etwas bewegen kann, ist also das Medium für Bewegung.

Adharma: Schafft die Voraussetzung für Hemmung und Ruhe. „Als Kontinuum erfüllt er durch und durch das Universum."

Akasha (der Raum): Im Gegensatz zu den anderen Entitäten auch außerhalb der Welt anzutreffen.

Pudgala[1] (der Stoff): Besteht aus Paramanus („Atomen"), die ihm als einzige Entität einen jeweils eigenen Geruch, Geschmack, eine eigene Farbe etc. verleihen können.

Kala (die Zeit): Ein Kontinuum ohne Anfang und Ende.

Dieses Nebeneinander von Jiva und Ajiva stellt den Idealfall dar, ist aber keineswegs die Regel, denn mit jeder Betätigung zieht das Individuum Ungeistiges (Ajiva) in die Seele hinein, das als Karma gebunden werden kann, wodurch die natürlichen Qualitäten der Seele — wie beispielsweise unbeschränkte Kräfte und vollkommene Glückseligkeit — verändert werden. Daraus ergeben sich die restlichen Grundwahrheiten der Jaina-Lehre:

3. Asrava: Das Einströmen von Stoffen in die Seele über die Tore Körper, Rede und Denken. Dies kann geschehen durch Punya (Verdienst, Tugend) oder durch Papa (Frevel; die Buddhisten würden sagen „unheilsame Handlungen"). Die Shvetambaras führen Punya und Papa gesondert auf und kommen deshalb in ihrer Doktrin auf insgesamt neun Grundwahrheiten.

4. Bandha: Das Binden von in die Seele eingeströmten Stoffen als Karma,

---

[1] *Zu beachten ist die besondere Bedeutung der Sanskritbegriffe Dharma, Adharma und Pudgala (normalerweise „Individuum") in der Jaina-Metaphysik.*

wofür es vier Ursachen gibt: falscher Glaube, mangelnde Selbstzucht (Avirati), Leidenschaft (Kashaya) und Betätigung.

5. Samvara: Abwehr von neuem Karma durch rechten Umgang mit Körper, Rede und Denken, ferner durch Achtsamkeit etc.

6. Nirjara: Tilgung von Karma, d. h. die den Jainas eigene Praxis der Askese. Durch Askese können in der Seele bereits vorhandene Karma-Anlagen zerstört werden, so daß sie nicht zur Wirkung kommen.

7. Moksha (Befreiung): Tilgung sämtlichen Karmas und Erlangen von Nirvana.

Die Grundsätze der Jaina-Philosophie

Die mahayana-buddhistische Philosophie wird von den Jainas als nicht prinzipiell falsch angesehen, wohl aber als übertrieben und einseitig. Nach Ansicht der Jainas kann eine Sache von verschiedenen Standpunkten oder nach verschiedenen Prinzipien (Nayas) betrachtet werden, wodurch man zu unterschiedlichen Aussagen gelangen kann. Diese Lehre wird Nayavada genannt. Die einzelnen Nayas sind:

1. Naigama-naya, der teleologische Standpunkt, betrachtet eine Sache, ohne zwischen generellen und spezifischen Eigenschaften oder Elementen zu unterscheiden. In Kommentaren werden dazu verschiedene Beispiele angeführt: Wenn sich jemand Brennstoff, Wasser und Reis besorgt und gefragt wird: „Was tust du?", so wird er sagen : „Ich koche" und nicht etwa: „Ich besorge mir Brennstoff" etc. Oder — ein anderes Beispiel — wenn bei verschiedenen Früchten nicht nur das, was jeder Frucht eigen ist, sondern auch das, was alle gemeinsam haben, in Betracht gezogen wird, so ist das ebenfalls die Sichtweise von Naigama-naya.

2. Sangraha-naya wird einen Schritt konkreter als Naigama-naya, indem hier das Generelle einer Sache in Betracht gezogen wird, das Spezielle aber außer acht bleibt. Z. B. wenn in einem weiten Feld ein einzelner Baum steht, dann ist es für einen Wanderer im Augenblick nicht interessant, ob der Baum ein Nadel- oder Laubbaum ist — obwohl er zu einer dieser Arten gehören muß –, sondern es ist lediglich relevant, daß eben dort ein Baum steht, weil er der Orientierung dient.

3. Vyavahara-naya beachtet im Gegensatz zu Sangraha-naya nur spezielle Merkmale, ohne die generellen zu berücksichtigen.

Diese drei Standpunkte betrachten die stabilen Aspekte einer konkreten Realität (Sanskrit Dravyasamsparshin); die übrigen vier berücksichtigen die flüchtigen oder flexiblen Aspekte (Sanskrit Paryayasamsparshin).

4. Rijusutra-naya bezieht sich auf die momentane Erscheinung einer Sache, ohne sich um deren vergangenen und künftigen Zustand zu kümmern. Hier bringt man gerne das Beispiel eines Schauspielers, der auf der Bühne einen König spielt und den man in diesem Augenblick auch tatsächlich als König ansieht.

Die bisherigen Standpunkte können auch als „Vorstellungen" zusammengefaßt werden; die anderen drei behandeln die Anwendung der Worte.

5. Shabda-naya bezieht sich auf den synonymen Gebrauch von Worten, d. h. daß hier lediglich die konventionelle Bedeutung, nicht aber die etymologische Herleitung der Worte berücksichtigt wird.

6. Samabhirudha-naya geht beim synonymen Gebrauch von Worten auf die jeweils genaue etymologische Ableitung ein.

7. Evambhuta-naya betrachtet ein Wort dahingehend, ob die Sache, für die es steht, auch die Bedingungen gemäß der etymologischen Herleitung erfüllt.

Die Jainas glauben, daß man nur durch eine wohlausgewogene Handhabung der sieben Standpunkte zu einer allseits richtigen Sichtweise gelangen kann. Alle anderen Philosophien seien nur bedingt wahr, weil sie eben jeweils nur einen oder einige der sieben möglichen Standpunkte betonten; so sei beispielsweise der Materialismus durch Überbetonung von Standpunkt Nr. 3 und die buddhistische Philosophie durch eine einseitige Betonung des Standpunkts Nr. 4 entstanden.[1]

Das Nayavada findet in der Syadvada genannten dialektischen Methode der Jainas ihren Ausdruck, die zeigen soll, daß man über ein und dieselbe Sache verschiedene Aussagen treffen kann, die aber gleichzeitig richtig sein können, berücksichtigt man den jeweiligen Standpunkt, von dem die Aussage gemacht wurde.

Die sieben möglichen Aussagen sind:

---

[1] *So stellt es sich zumindest nach den mir zur Verfügung stehenden Quellen dar, obwohl mir das selbst als Buddhist nicht ganz klar ist.*

1. etwas ist
2. etwas ist nicht
3. etwas ist und ist nicht
4. etwas ist unbeschreibbar
5. etwas ist und ist unbeschreibbar
6. etwas ist nicht und ist unbeschreibbar
7. etwas ist und ist nicht und ist unbeschreibbar

Ethik und Lebenseinstellung der Jainas

Wie oben schon ersichtlich, haben die Jainas eine Karma-Theorie entwickelt, die sich von den Karma-Lehren des Buddhismus und Hinduismus unterscheidet. Übereinstimmung, was das Karma betrifft, gibt es bei den drei indischen Religionen aber in der Ansicht, daß Karma irgendwie durch Körper, Rede und Denken zustandekommt und daß man hinsichtlich der Wirkung drei Arten von Karma unterscheiden kann, nämlich solches, das durch neue Handlungen dem schon vorhandenen zugefügt wird, solches, das bereits zu wirken beginnt, und solches, das „abgespeichert" ist und erst in einer späteren Existenz zur Wirkung kommt.

Für die Hindus ist Karma eine geheimnisvolle Kraft, die der Seele zwar nichts anhaben kann, sie aber umhüllt und auf ihrer Wanderung von Existenz zu Existenz begleitet. Nach Ansichten der Buddhisten, die eine Seele leugnen, senken sich durch unheilsame Handlungen Bewußtseinsschleier auf den an sich klaren subtilen Geist und werden zu Karma. Bei den Jainas aber ist Karma von substanzieller Natur, entstanden aus Stoffen, die durch Betätigung in die Seele eingeströmt und dort auf Grund irgendwelcher Untugendhaftigkeiten gebunden worden sind, wodurch sich der natürliche Zustand der Seele verändert hat, ähnlich wie wenn man eine Droge einnimmt, die dann den gesamten Organismus durchdringt und dessen Funktionsfähigkeit und das Bewußtsein beeinflußt. Bei den Buddhisten gibt es noch den Begriff des „positiven Karmas", welches durch Tugend erworben werden kann, und was sich günstig auf die künftige Existenz auswirkt. Nach dem Verständnis der Jainas ist Karma jedoch durchweg etwas Negatives, und das heißt, daß die Stoffe, die durch tugendhaften Wandel in die Seele einströmen, dort gar nicht als Karma gebunden werden, was aber im Endeffekt nichts anderes ist als das, was die Buddhisten „positives Karma" nennen.

Gewöhnlich nehmen es die Jainas mit dieser geheimnisvollen, latent wirkenden Kraft Karma noch etwas genauer als die Buddhisten, für die eine vollständige karmische Handlung aus Motivation zur Tat, der Tat selbst und anschließender Freude und Genugtuung bestehen muß. Die Jainas betrachten aber auch unbeabsichtigte und unmotivierte Handlungen als karmisch sehr wirksam. Wenn jemand beispielsweise ein Insekt versehentlich zertritt, dann hat er den Tod dieses Lebewesens zwar nicht geplant, die Tat nicht bewußt ausgeführt und empfindet womöglich auch keine Genugtuung darüber, er hat aber durch seine Unachtsamkeit den Tod dieses Lebewesens verschuldet, was seine karmische Wirkung ebenfalls nicht verfehlt. Manche Jainas (vornehmlich Mönche) tragen deshalb ständig ein Tuch bei sich, das sie gegebenenfalls um den Mund binden können, um nicht versehentlich ein Insekt einzuatmen. Dies wird oftmals von Europäern belächelt oder veralbert. Angebrachter und fairer wäre es natürlich, den Jainas für ihre Achtsamkeit gegenüber allem Leben höchsten Respekt zu zollen. Bedenken wir nur, wie wenig im Grunde die christlichen Gebote in der Geschichte der Christenheit gegriffen haben und wie erzieherisch sich dagegen die Karma-Lehre bei den Jainas ausgewirkt hat. Niemals wurde von Jainas (und Buddhisten) ein Krieg zur Verbreitung ihres Glaubens geführt, und niemals hat ein Jaina jemanden ermordet, nur weil er nach seinem Verständnis ein Ungläubiger war. Daran sollte man als Christenmensch denken, wenn man in Indien einem Jaina mit Mundschutz begegnet.

Die Karma-Lehre liegt auch den gesamten ethischen Vorschriften der Jainas zugrunde. Mönche wie Laien gehen die fünf Gelübde ein (und halten sich daran), nicht zu töten, nicht zu lügen, nicht zu stehlen, keusch zu leben und nicht weltlichen Gütern anzuhängen. Für Mönche gibt es dann noch eine Vielzahl anderer Regeln. Auch die prinzipiell vegetarische Lebensweise der Jainas und ihre Verbundenheit mit allen Lebewesen ergibt sich, wie schon angedeutet, aus der Karma-Lehre. Eine Selbstverständlichkeit ist es auch, daß ein Jaina den Wehrdienst verweigert und den Besitz von Waffen ablehnt. Auf Grund dieser Achtsamkeit, kein Lebewesen zu verletzen oder zu töten, haben sich bei den Jainas über die Jahrhunderte hinweg ganz bestimmte Berufsgruppen herauskristallisiert, bei welchen auch versehentliches Auslöschen von Leben ziemlich ausgeschlossen ist, wie das Juweliergeschäft, das Beamtentum oder das Bankwesen, wodurch viele von ihnen zu Wohlstand und Reichtum gelangt sind. Da aber nach ihrem Verständnis Reichtum ein Hindernis auf dem spirituellen Weg sein kann, pflegten auch wohlhabende Jainas ein bescheidenes Leben, waren stets freigebig und stellten einen großen Teil ihres Vermögens für die Einrichtung von Weihestätten zur Verfügung, wodurch schließlich die einzigartige Tempelkunst des Jainismus entstanden ist.

Bei dieser Gelegenheit kommt mir eine Anekdote in den Sinn, die das eben Gesagte noch ein wenig illustrieren kann.

Ich befand mich auf meiner ersten Indienreise. Es war ein Tag Anfang September 1990, an dem ich das Wort „Jaina" zum ersten Mal ganz bewußt wahrnahm. Zwar hatte ich vorher schon irgendwo gelesen, daß Indien neben dem Hinduismus und Buddhismus noch eine dritte Religionsform hervorgebracht hatte, und auch der Name Mahavira war mir bestimmt bereits in irgendeinem Zusammenhang schon einmal begegnet, doch was es mit dem Jainismus auf sich hat und welche Rolle er noch heute in Indien spielt, davon wußte ich nichts.

Mein Ziel war damals Ladakh, jenes von der tibetischen Kultur geprägte Bergland jenseits des West-Himalaya. Zu der Zeit gab es noch keinen Direktflug von Delhi nach Leh, der Hauptstadt Ladakhs, man mußte über Srinagar/Kashmir in das Gebiet einreisen. Im Hotel in Delhi jedoch riet man mir von dieser Tour dringlichst ab, da in Kashmir wieder schwere Unruhen ausgebrochen waren. Und so disponierte ich um und machte Sikkim zu meinem Reiseziel. Da ich aber nun in Delhi noch zwei Tage Aufenthalt hatte, unternahm ich noch eine Tagestour nach Agra.

Vor dem Bahnhof in Agra wurde ich — so, wie man Indien eben kennt — von allen Seiten bedrängt, Rikscha-Fahrer, Schlepper, Taxischofföre, Postkarten- und Souvenirverkäufer ... Und da waren noch zwei Männer, die mich zu einer Stadtrundfahrt in ihrem Privat-PKW einluden. Was das koste, wollte ich wissen. Gar nichts, sagten sie, nur das Vergnügen, das ich ihnen mit meiner Zusage bereiten würde. Mit gemischten Gefühlen stieg ich in den Wagen. Doch die beiden hielten Wort. Gegen Abend lud mich der eine sogar noch zu einem Imbiß bei seinem jüngeren Bruder ein. Und weil noch zwei Stunden Zeit waren bis zum Nachtzug nach Delhi, nahm ich auch dieses Angebot an.

Der Bruder lebte in einer winzigen Parterrewohnung, die in einer schmalen, versteckten Seitengasse von Agra lag. Die Wohnung bestand eigentlich nur aus einem engen, zwei Meter langen Korridor und einem vollkommen unmöblierten Zimmer von vielleicht fünfzehn Quadratmetern. Auf dem Boden waren Sitzpolster ausgebreitet. Augenscheinlich war die Sauberkeit der Wohnung.

Im Korridor befand sich links ein in die Wand eingelassener Schrank, in dem vermutlich Kleider hingen, und rechts ein Glaskasten mit einer Bronzestatue, die einen meditierenden Yogi im Lotossitz und mit im Schoß ruhenden Händen darstellte.

„Buddha?", fragte ich.

„Nein, das ist ganz falsch ... Lord Mahavira ... Wir sind Jaina-Leute."

Der kleine Wohnraum war fensterlos. Für Frischluft sorgte nur die Tür zur Gasse hin, die offenbar ständig (auch während der Abwesenheit des Wohnungsinhabers, was in diesem Augenblick der Fall war) unverschlossen blieb. Doch in der kleinen Wohnung schien es auch absolut nichts zu geben, was man stehlen konnte.

Ich hockte eine Weile auf den Sitzpolstern und ließ den Blick schweifen. An den Wänden waren rahmenlos ein paar Bilder befestigt, ein indischer Schauspieler, das Taj Mahal, der Eiffelturm ... Links ein niedriger Vorhang. Vielleicht befand sich dahinter eine Nische zum Aufbewahren verschiedener Gegenstände des täglichen Bedarfs.

Die Situation wurde mir allmählich unangenehm. Mein Schofför hatte nur einen Augenblick weggehen wollen, um mir einen Imbiß zu holen. Doch nun wartete ich schon eine Viertelstunde. Was, wenn der Besitzer der Wohnung plötzlich käme? Und dann kam er wirklich.

Er war in einen Anzug aus bester und feinster Seide gekleidet, am rechten Ringfinger ein kostbarer Brillantring, um den Hals eine Goldkette. Ich sprang auf, reichte ihm die Hand und wollte meine Anwesenheit erklären, doch er fiel mir gleich ins Wort, hieß mich willkommen und bat mich, wieder Platz zu nehmen.

„Kein Problem, Sir. Ich freue mich doch, daß Sie mich besuchen."

Darauf kam auch sein älterer Bruder zurück, in der einen Hand ein dampfendes Teeglas, in der anderen ein Teller mit köstlich zubereiteten Omeletts.

Ich fand, diese schlicht, ja sogar äußerst ärmlich wirkende Wohnung stand in krassestem Widerspruch zu der noblen und von Wohlstand und Bildung zeugenden Erscheinung ihres Inhabers. Vielleicht aber war das hier auch nur eine Absteige.

„Leben Sie ständig in dieser Wohnung, Sir?", fragte ich.

„Ja, natürlich, wo denken Sie sonst? Das ist mein Zuhause. Wenn ich demnächst heirate, wird es zwar etwas eng werden. Aber wir kommen schon zurecht. Im Hinterhaus habe ich auch meine Werkstatt."

„Was sind Sie von Beruf, Sir?", fragte ich.

Darauf zog er jenen Vorhang zur Seite, und ein hochmoderner Tresor kam zum Vorschein, an dessen Zahlenkombination er sogleich zu drehen begann.

Ich hatte gerade einen Bissen im Mund und hätte mich beinahe verschluckt, als er Paletten mit Rubinen, Smaragden und sogar Diamanten aus dem Tresor nahm und vor mir ausbreitete.

„Ich bin Juwelier", erklärte er trocken. „Das Handwerk habe ich von unserem Vater schon von klein auf gelernt, und nun habe ich das Geschäft übernommen ... Schöne Steine, nicht?"

Nun muß man sich diese Situation bildlich vorstellen: Ich, auf einem Sitzpolster in einer spartanisch wirkenden Wohnung hockend, Omelett mampfend, neben mir ein geöffneter Tresor und vor mir Brillanten von wohl kaum schätzbarem Wert!

„Sie sind aus Deutschland ...", sagte er. „Moment ..."

Er griff noch einmal in den Tresor, holte eine Mappe heraus und zeigte mir darin eingeheftete Aufträge von Kunden aus Deutschland.

Ich war dann mit dem Essen fertig. Und nachdem ich mir die Finger mit einer Serviette abgewischt hatte, legte er mir Stein für Stein in die Hand und gab mir dazu eine winzige Taschenlampe, mit der ich die Edelsteine durchleuchten konnte.

Wer soll mir jemals diese total merkwürdige Geschichte glauben, fragte ich mich. Ich konnte natürlich noch nichts wissen von dieser Jaina-Gemeinschaft der Terapanthis, die der Asket Banarsidas um 1626 in Agra gegründet hatte und welcher offenbar auch die beiden Brüder angehörten. Ich wußte auch noch überhaupt nichts von der Lebenseinstellung der Jainas. Doch die ehrliche Liebenswürdigkeit und Gastfreundschaft der beiden und vor allem die Art, wie sie mit dem Reichtum umgingen, hat mich tief beeindruckt und letztendlich in mir das Interesse für den Jainismus wachgerufen.

Askese

Der tugendhafte Lebenswandel ist dazu geeignet, das Binden von neuem Karma in der Seele zu verhindern. Im natürlichen Verlauf der Dinge wird dann einmal der Zustand erreicht sein, in welchem sämtliche Karma-Anlagen abgebaut sind und die Seele ihre natürlichen Qualitäten wieder erlangt hat. Doch dies kann nur über unvorstellbar viele Existenzen geschehen und ist deshalb so gut wie unerreichbar. Um nun die Tilgung der Karma-Anlagen zu beschleunigen, gibt es die Praxis der Askese, die nicht nur den Mönchen und Nonnen vorbehalten ist. Zunächst sei gesagt, daß die Jainas jene von Hindu-Asketen ausgeführte Selbstpeinigung strikt ablehnen. Die Askese der Jainas gliedert sich in Äußere und Innere Askese. Letztere ist auch für Laien verbindlich.

Die *Äußere Askese:*
1. Fasten (Anashana).
2. Beschränkung der Kost (Avamaudarya). Der Asket verwendet bei der Nahrungsaufnahme keinerlei Utensilien; er ißt nur das, was in seine hohlen Hände paßt.
3. Almosengang (Bhikshacarya).
4. Verzicht auf schmackhafte Speisen (Rasaparityaga).
5. Zwingen des Körpers zur Überwindung der natürlichen Triebe, indem man auf Kleidung verzichtet, sich Hitze und Kälte aussetzt, in bestimmten Körperhaltungen verharrt, sich bei Juckreizen nicht kratzt u. ä. (Kayaklesha).
6. Vermeiden von allem, was die Sinne in Versuchung bringen kann (Pratisamlinata).

Die *Innere Askese:*
1. Beichte oder Buße (Prayash-citta) dem Guru gegenüber.
2. Sittsames Verhalten (Vinaya).
3. Beflissenheit bei wichtigen Aufträgen (Vaiyavrittya) für den Guru, für andere Mönche, für die Gemeinde oder die Hilfsbedürftigen.
4. Selbststudium (Svadhyaya) der Lehre.
5. Loslassen (Utsarga) aller Leidenschaften.
6. Meditation (Dhyana).

Ein jeder Jaina sollte mindestens einmal am Tag, günstigenfalls am Morgen, meditieren. Dies kann im Wald, in einem Tempel oder in einem Upashraya geschehen. Manche Jainas haben im Haus auch extra einen Meditationsraum mit Altar.

Der Meditierende sollte erfüllt sein vom Wohlwollen (Maitri) zu allen Wesen, vom Mitgefühl (Karunya) mit allen Leidenden, von Freude (Pramoda) und von Unparteilichkeit (Madhyasthya) gegenüber seinen Gegnern. Die Meditationspraxis selbst kann von verschiedener Art und Weise sein. Der Meditierende kann mit Bildern arbeiten. Er läßt beispielsweise vor seinem inneren Auge einen Milchozean und darauf einen 1000blättrigen, goldenen Lotos von der Größe Jambudvipas entstehen. Die Samenkapsel des Lotos gleicht einem goldenen Berg. Darauf befindet sich ein Thron, auf dem sich der Meditierende selbst, in Yogaposition verweilend, denkt, frei von allen Leidenschaften und Karma. Auch die Statue eines Tirthamkara oder die eigene Seele kann als Meditationsobjekt Verwendung finden.

Die höchste Form der Meditation ist der Yoga, welcher zum Erlangen übernatürlicher Fähigkeiten führt. Diese werden jedoch nur als Nebenerscheinungen angesehen. Höchstes Ziel des Yoga ist die vollständige Befreiung aus dem Daseinskreislauf und Erlangen von Nirvana. Eine andere, vorwiegend von Laien ausgeführte Meditationsform ist das Rezitieren von Mantras.

Mantras

Die Jainas verwenden, wie die Gläubigen der anderen indischen Religionen, einen Gebetskranz aus 108 Kugeln. Am häufigsten gebetet wird das Mantra **„OM HRIM"**, dessen Lettern oft sehr schön stilisiert an den Innenwänden der Tempel erscheinen.

Ein populäres 35silbiges Mantra in Prakrit-Sprache zur Verehrung aller Oberen und Heiligen des Jainismus lautet: „Namo Arihantanam, namo Siddhanam, namo Ayariyanam, namo Uvajjhayanam, namo loe savva-Sahunam." Wörtlich: „Verehrung den Arhats, Verehrung den Vollendeten, Verehrung den Meistern, Verehrung den Lehrern, Verehrung allen Mönchen in der Welt." Dieses Mantra kann nun auf sechzehn, sechs, fünf, vier, zwei oder eine Silbe verkürzt werden:

Sechzehn Silben:
„*Arihanta Siddha Ayiriya Uvajjhaya Sahu*"
Sechs Silben:
„*Arihanta Siddha*" oder „*Arihanta Si Sa*" oder „*OM namo Siddhanam*"
Fünf Silben:
„*A Si A U Sa*"
Vier Silben:
„*Arahanta*" oder „*A Si Sahu*"
Zwei Silben:
„*Siddha*" oder „*A Sa*" oder „*OM nhi*"
Eine Silbe:
„*OM*"

Jedem Tirthamkara ist auch ein bestimmtes Dharani (langes Mantra) zugeordnet. Die Gläubigen besitzen meist ein kleines Heft, in dem alle Dharanis verzeichnet sind. Vor den Statuen werden dann die betreffenden Dharanis laut, mit singender Stimme rezitiert, anschließend vor den Figuren angezündete Lichter geschwenkt, etwas Reis als Opfergabe gestreut, Niederwerfungen vollzogen und mit den Fingerspitzen die Füße der Tirthamkaras berührt.

Symbolik

Bei den Buddhisten gibt es das Symbol der Drei Juwelen, welche für Buddha, Dharma (d. h. seiner Lehre) und Sangha (d. h. seiner Gemeinde der Erhabenen) stehen. Auch die Jainas haben dieses Symbol; bei ihnen aber sollen die Drei Juwelen Rechtes Wissen, Rechten Glauben und Rechten Wandel oder die Tirthamkaras der Drei Zeiten (d. h. der vergangenen, der gegenwärtigen und der künftigen Weltperiode) versinnbildlichen.

Von alters her sind im Kultus des Jainismus, wie auch in den anderen indischen Religionen, verschiedene Glückssymbole gebräuchlich, deren ursprüngliche Bedeutung sich oft nur noch ahnen läßt. Sehr beliebt bei den Jainas sind die acht Mangalas (Glückssymbole), die zusammen in den Tempeln oder auf Prozessionsbannern abgebildet sind.

1. **Svastika,** das auch als einzelnes Zeichen oder als Teil der symbolischen Darstellung des Kosmos in Erscheinung treten kann (Abb. rechts):

Die Umrahmung deutet die äußere Gestalt des Weltalls an. Die Hand mit dem Rad steht für die Verkündung des Jainismus. Die Haken des Kreuzes symbolisieren die vier Daseinsbereiche der Wandelwelt, in die ein Wesen auf Grund seines Karmas geboren werden kann, nämlich bei den Göttern, Menschen, Tieren und Höllenwesen (die Buddhisten gehen dagegen von sechs Bereichen aus). Die drei Punkte stehen für die Drei Juwelen und Halbkreis und Punkt darüber für die Befreiung aus dem Daseinskreislauf, was im Kosmos der Region Ishatpragbhara entspricht.

2. **Shrivatsa** ist eigentlich der Haarwirbel auf der Brust Vishnus. Im tibetischen Buddhismus hat sich daraus der sogenannte Endlosknoten entwickelt, der zusammen mit den übrigen sieben Glückszeichen des tibetischen Buddhismus dargestellt wird. Die ursprüngliche Bedeutung dieses Endlosknotens in der tibetischen Tradition ist unbekannt. Im Jainismus versteht man unter Shrivatsa einen Haarwirbel, den die Tirthamkaras auf der Brust tragen. Oft erscheint dieses Symbol auch einzeln als Shrivatsa-Svastika (Abb. rechts):

3. **Nandyavarta** ist ein dem Svastika verwandtes Zeichen, das gerne von Gläubigen in den Tempeln mit Getreidekörnern gestreut wird.

4. **Vardhamana,** eine Puderdose.

5. **Bhadrasana,** der Thron.

6. **Kalasha,** ein Krug, der auch unter den acht Glückszeichen des Buddhismus erscheint.

7. **Matsya-yugma,** zwei Fische, die wahrscheinlich die beiden heiligen Ströme Indiens, Ganges und Yamuna (oder Indus), symbolisieren. Dieses Zeichen gibt es auch unter den acht Glückszeichen des Buddhismus.

8. **Darpana,** ein Spiegel.

Die Zeichen vier, fünf und acht stellen vermutlich Statussymbole der Königsherrschaft dar, und der Krug steht für Besitz oder Befriedigung materieller Bedürfnisse.

Die acht Glückssymbole

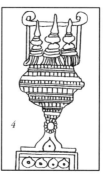

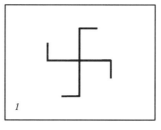
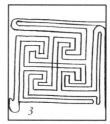

1 Svastika
2 Shrivatsa
3 Nandyavarta
4 Vardhamana
5 Bhadrasana
6 Kalasha
7 Matsya-yugma
8 Spiegel

Weitere bedeutende Symbolgruppen im Kultus der Jainas sind die bereits auf Seite 30 erwähnten vierzehn Kleinodien eines Cakravartin (bei den Buddhisten sind es sieben) und die vierzehn (in der Tradition der Digambaras sechzehn) glückverheißenden Traumbilder, welche die Geburt eines Tirthamkara anzeigen und häufig in Fresko die Decken von Tempelhallen zieren; im einzelnen: drei heilige Tiere (Elefant, Stier, Löwe), die Göttin Shri, ein Blumenkranz, Mond und Sonne, Siegesbanner (auch unter den acht Glückszeichen des Buddhismus vorhanden), ein Krug, ein Lotosteich, der Milchozean, ein Vimana (beweglicher Himmelspalast), ein Juwelenberg und ein Feueraltar. Die Digambaras setzen an Stelle eines Blumenkranzes zwei Kränze, anstatt des Banners zwei Fische und fügen noch einen Thron und einen Palast hinzu, so daß sie auf sechzehn Zeichen kommen.

Eine andere Symbolgruppe, die oft nur dekorativen Zweck erfüllt, sind die als Juwelen (Ratna) bezeichneten Sinnbilder: Rad (Cakra, auch unter den acht Glückszeichen des Buddhismus), Pfeil und Bogen (Dhanu), Schwert (Khadga), Edelstein (Mani), zwei Girlanden (Vanamala), Schneckenschale (Shankha, auch unter den acht Glückszeichen des Buddhismus) und zwei Keulen (Gada).

Als Sinnbilder der Tirthamkaras findet man auch gelegentlich in kleinen Tempeln und Schreinen die Abbildungen von Fußspuren anstelle der Statuen, wie beispielsweise auf dem heiligen Berg Sametashikhara.

Das heilige Rad (Siddha-cakra), ein sehr beliebtes Zeichen bei den Jainas, wird häufig in Form eines achtblättrigen Lotos mit farbigen Marmorstücken in den Böden der Tempelhallen dargestellt; es soll die fünf Oberen im System des Jainismus und die vier Tugenden versinnbildlichen, und zwar symbolisieren der Staubbeutel des Lotos den Tirthamkara, das obere Blatt den Vollendeten (Siddha), das rechte den spirituellen Lehrmeister (Acarya), das untere den Lehrer (Upadhyaya), das linke den Asketen (Sadhu), und die Zwischenblätter bedeuten (im Uhrzeigersinn): Wissen, Glaube, Wandel und Askese. Das Zeichen erscheint auch als eine Art Siegel, so wie es die nebenstehende Abbildung zeigt:

Siddha-cakra

Zu erwähnen sind noch die Symboltiere oder Zeichen, durch die die Statuen der einzelnen Tirthamkaras zu identifizieren sind. Rishabha, Neminatha, Parshvanatha und Mahavira — den am häufigsten dargestellten Tirthamkaras — werden (in der Reihenfolge) Stier, Muschel, Schlange und Löwe zugeordnet (vgl. auch S. 161).

Die Erde bleibt eine Scheibe

Es war noch eine gute Stunde Zeit bis zur Öffnung des Jambudvipa-Zentrums, und so stattete ich zunächst dem Jaina-Museum auf der gegenüberliegenden Straßenseite einen Besuch ab. Leider sind dort Hinweisschilder und Tafeln ausschließlich in den Sprachen Gujarati und Hindi beschriftet, doch glücklicherweise fand sich eine Gruppe junger Frauen, die mich durch das Museum begleiteten und mir alle Beschriftungen übersetzten. Und wie es der Zufall wollte, hatten auch sie vor, an diesem Abend in das Jambudvipa-Zentrum zu gehen. Die allabendlichen Seminare im Zentrum, erklärten sie mir, als wir wieder auf die Straße hinausgingen, seien immer gut besucht von den Jainas aus Palitana und auch von Pilgern. In einem gewissen Abstand folgten uns ihre Ehegatten. (Übrigens war mir diese Offenheit der Jaina-Frauen, die auf den Europäer emanzipiert wirkt und scheinbar auch von Männern ganz selbstverständlich akzeptiert wird, stets sehr angenehm. Im Gemeindeleben der Jainas — wovon ich mich immer wieder überzeugen konnte — spielt die Frau eine wichtige und gleichberechtigte Rolle. Bei Hindu- oder gar Moslemfrauen ist so etwas ganz undenkbar.)

Als ich davon gelesen hatte, welche Gestalt die Jainas der Welt zuschreiben, habe ich mich fragen müssen: Wie stellen sie sich das in der Realität vor? Denn da paßt doch ganz offensichtlich manches nicht so recht zusammen. Zum Beispiel die Höhe des Meru und die Größe von Jambudvipa — wie soll so etwas aussehen: ein Berg von 99.000 Yojana Höhe inmitten eines Kontinents von 100.000 Yojana im Durchmesser. Diese Frage erüblichte sich, als wir in das Rondell des Zentrums kamen. Dort ist maßstabsgetreu ein großes Modell von Jambudvipa mit seinen Gebirgen und Landzonen aufgebaut, und der Meru in der Mitte gleicht eher einem schlanken Obelisk oder einem Fahnenmast als einem Berg. An den Wänden ringsum war unter anderem eine Karte dieses runden Zentralkontinents zu sehen. Daneben die Abbildung eines Globus nach westlicher Geografie. Ein Stück weiter das berühmte Bild von Edwin Aldrin auf dem Mond. Und dann ein Plakat mit den Worten:

The Earth is not round!

The Earth does not rotate!

„Ist die Erde etwa doch eine Scheibe?", fragte ich die Frauen mehr im Scherz.

„So", antworteten sie mir mit ernster Miene, „ist es zu erfahren beim Lehrer Mahavira, und so wird es dann wohl auch sein."

Das war interessant.

Nun wandte sich mir ein Mann in weißem Anzug zu und fragte: „Sie interessieren sich wohl für unsere Astronomie, Sir?"

„Ja, natürlich, sehr. Ist das hier nun die reale Welt" — ich deutete auf das Modell von Jambudvipa — „oder ist es mehr Tradition und nur noch von symbolischer Bedeutung?"

„Gewiß nicht. Das ist die reale Welt, dessen können Sie sich sicher sein."

„Nun, Sie muten mir als Europäer da einiges zu. Das müssen Sie mir schon näher erklären."

Er überlegte einen Augenblick und sagte dann: „Wenn Sie etwas Zeit haben, so folgen Sie mir."

Wie sich herausstellte, war er hauptamtlich im Zentrum beschäftigt. Er brachte mich zu seinem Büro im Haus nebenan und bat mich, einen Augenblick zu warten. Hier war auch ein kleiner Shop mit Broschüren, Büchern und Zeitschriften eingerichtet, und während ich in einer englischsprachigen Broschüre blätterte, kam er zurück mit einem Mann um die Vierzig, der mich gleich auf dem ersten Blick sehr beeindruckte.

„Ich bin Jayendra R. Shah, Direktor dieses Forschungszentrums", stellte er sich vor.

Seine Erscheinung strahlte Harmonie aus und zeugte, wie ich fand, von hoher Bildung und Weisheit.

„Sie müssen mich entschuldigen, ich habe jetzt einen Vortrag zu halten. Im Anschluß gibt es sicherlich Gelegenheit für ein Gespräch zwischen uns."

Bevor ich etwas sagen konnte, war er verschwunden.

Im gegenüberliegenden Gebäude befand sich ein Schulungsraum, wo der Direktor nun seinen Vortrag gab. Sämtliche Sitzplätze waren bereits belegt. Ich ging deshalb zurück ins Rondell, wo jetzt niemand mehr war und ich eine Weile Ruhe zum Nachdenken hatte. Der Tempel nebenan wurde geheimnisvoll von flackernden Lichtern erhellt.

Kosmologie und Metaphysik hatten im Jainismus schon immer einen ganz anderen Platz als im Buddhismus. Buddha hatte es stets abgelehnt, sich über gewisse metaphysische Dinge zu äußern. Dem Mönch Malunkyaputta, der sich darüber beschwerte, daß Buddha nicht von Dingen lehre wie „ewig ist die Welt" oder „nicht ewig ist die Welt", gab er zur Antwort: „Ob nun die Anschauung besteht: 'Die Welt ist endlich', o Malunkyaputta, oder es besteht die Anschauung: 'Die Welt ist unendlich', so gibt es doch sicher die Geburt, es gibt das Alter und den Tod, es gibt Kummer, Jammer, Leid, Gram und Verzweiflung, deren Vernichtung ich schon bei Lebzeiten zu erkennen lehre."[1] Das buddhistische Weltbild vom Zentralberg Meru und den vier Kontinenten, das erst Jahrhunderte nach Buddha aufkam, galt zwar als Darstellung der metaphysischen Welt, war aber gleichzeitig als Psycho-Kosmogramm zu verstehen, weil es die Entsprechung von Makrokosmos (Universum) und Mikrokosmos (Mensch) verdeutlichen sollte, und entwickelte sich deshalb zum Grundschema jenes der Meditation dienenden Mandalas innerhalb der tantrischen Tradition des Buddhismus. Ein Buddhist kann heute gut damit leben, die wissenschaftlichen Erkenntnisse des Westens anzuerkennen und gleichzeitig im Mandala ein symbolisches Abbild des Kosmos zu sehen. Bei den Jainas ist das anders. Die vielen Traktate über den Aufbau der Mittelwelt und des Universums werden direkt dem Mahavira zugeschrieben, und das kann selbst ein moderner Jaina nicht so ohne weiteres übergehen. Andererseits — wie ist es möglich, die westliche Astronomie einfach zu ignorieren, Kopernikus, Kepler, Galilei?

Der Vortrag war dann zu Ende, und alle Seminargäste strömten ins Rondell. Und nachdem sie einen Kreis um die dreidimensionale Darstellung von Jambudvipa gebildet hatten, erschien auch der Direktor mit einem Zeigestab und einem Handscheinwerfer und begann, anhand des Modells den Aufbau der Mittelwelt zu erläutern.

Wieder beeindruckte mich seine Gestalt. Er trug einen weiten Anzug aus schillernder indischer Seide. Haar und der Bart waren sauber gestutzt. Und sein sorgfältig gewählter Schmuck — goldene Ohrringe und Armreifen —

---

1 *Culamalunkya-Sutta, Majjhimanikaya 63*

unterstrich noch die Harmonie seines Wesens. Um den Hals trug er eine Gebetskette aus braunen Kugeln.

Redegewandt in seinen Darlegungen schritt er um das Modell, mit dem Zeigestab bald hierhin, bald dorthin weisend. Dann ließ er den Lichtkegel des Scheinwerfers kreisen, um den Lauf der Gestirne um den Berg Meru zu verdeutlichen. Er sprach in Gujarati. Ab und zu flocht er ein paar Sätze in Englisch in seinen Vortrag ein und lächelte und nickte dabei zu mir hin. Mit seinem letzten Satz verbeugte er sich, worauf die Seminargäste in Beifall ausbrachen.

Danach strömten viele hinüber in das Büro, um dort im Shop noch Broschüren und Bücher zu kaufen.

Der Direktor erwartete mich dann in einem der oberen Räume des Gebäudes. Er saß mit gekreuzten Beinen auf einem roten Sitzpolster und wies mir mit einer Handbewegung Platz auf einem Stuhl ihm gegenüber. Der Raum war dezent beleuchtet und von Weihrauchduft erfüllt. An einer der Wände hing eine Globuskarte und daneben eine Darstellung von Jambudvipa, an einer anderen Wand ein Querschnitt der Lavanoda-See mit einem Patala.

Jemand brachte uns Tee.

„Sie können sich wahrscheinlich denken", begann ich scherzend, „daß ich mich ihren Ansichten über Geografie nicht anschließen kann."

Er schmunzelte. „Davon gehe ich aus."

„Aber", fuhr ich fort, „ich möchte gerne Ihre Argumentation verstehen."

„Bitte."

Auf die beiden Karten an der Wand zeigend, sagte ich nun etwas provokant: „Sie wissen, daß ich aus Europa komme. Wo Europa auf der Ihrer Ansicht nach falschen Karte liegt, muß ich Ihnen nicht sagen. Aber zeigen Sie mir doch bitte, wo es auf der Karte daneben, der angeblich richtigen, liegt."

Er mußte herzlich lachen, begann aber dann in ernstem Ton: „So ohne weiteres ist das nicht möglich. Das Problem ist nämlich der Maßstab. Gestatten Sie mir einen Vergleich. Nehmen wir an, Jambudvipa hätte einen Durchmesser von einem Kilometer. Dann würde die Welt, die Sie kennen, nämlich Asien, Afrika, Europa, wo Sie herkommen, und alle anderen Kontinente nur drei Zentimeter ausmachen."

Darauf hielt er mir mit großem Eifer und leuchtenden Augen einen langen Vortrag über Welt und Gestirne, woraus ich schließen konnte, daß die Jainas versuchen, auch unter Einbeziehung gewisser astronomischer Beobachtungen und geografischer Gegebenheiten, ihr traditionelles Weltbild aufrechtzuerhalten. Wenn ich seine Ausführungen richtig verstanden habe, so bilden beispielsweise die Kontinente, die wir auf unseren Karten darstellen, lediglich eine Inselgruppe vor dem Festland von Jambudvipa. Er nannte auch die in seiner Tradition nicht vorkommenden Planetennamen Venus, Merkur, Mars und die anderen – doch auch diese Planeten, betonte er, seinen nicht weiter als einige hundert Yojana von der Erde entfernt und zögen ihre Kreisbahn um den Meru. Lediglich die Erde (er sprach meist von der Erde und nicht von Jambudvipa) und der Nordpolarstern seien unbeweglich und starr. Was er über Raumfahrt denke, wollte ich wissen. Darauf mußte er lachen. Die Amerikaner, meinte er, seien nie auf dem Mond gewesen, weil ein Mondflug gar nicht machbar sei, Apollo 8, 9, 10 und 11 hätten sich lediglich ein Stück von der Erde erhoben, um dann gewisse Daten hinabzusenden.[1] Dann sei also das Bild von Edwin Aldrin auf der Mondoberfläche eine Fälschung, fragte ich. Ganz offensichtlich, sagte er. Ich stellte anschließend eine Frage nach den beiden Sonnen über der Mittelwelt und bekam zur Antwort: „Die Dimensionen sind einfach zu riesig und der Umlauf um den Meru zu weit, so daß wir tatsächlich von zwei Sonnen und auch zwei Monden ausgehen müssen."

In dieser Weise lief unsere Unterhaltung noch eine Weile fort, und wir bekamen beide einen Schreck, als uns bewußt wurde, wie weit die Zeit schon vorangeschritten war. Die Uhr zeigte kurz vor elf.

„Gewöhnlich", sagte er, „bin ich zu dieser Zeit mit Meditation beschäftigt, aber das Gespräch mit Ihnen entschuldigt, daß es heute nicht dazu gekommen ist."

Er überreichte mir dann noch ein paar Broschüren, drückte in die eine seinen Stempel und sagte: „Wenn Sie noch Informationen brauchen, wissen Sie, wohin Sie sich zu wenden haben."

Mit viel Herzlichkeit und Liebenswürdigkeit wurde ich schließlich verabschiedet.

---

1 Übrigens stehen die Jainas mit dieser Ansicht nicht alleine. Ich habe später eine Erklärung des indischen Earth Rotation Research Institute Mehsana gelesen, worin fünfzehn Thesen aufgestellt werden, die widerlegen sollen, daß Apollo-Astronauten je auf dem Mond waren.

VIII. Schluß

Abseits der breiten Hauptstraße gab es keine Straßenlaternen, und auch die meisten Lichter in den Häusern waren bereits erloschen. Keine Rikscha fuhr mehr. Der Gedanke, fast einen Kilometer durch die dunklen, verwinkelten Gassen von Palitana laufen zu müssen, gefiel mir gar nicht.

Jener Mann in weißem Anzug, der als Sekretär im Jambudvipa-Zentrum arbeitet, hatte mich noch ein Stück begleitet und sich dann verabschiedet. Plötzlich rief er hinter mir: „Sir, Sir!"

Ich drehte mich um. Er hatte eine Pferdekutsche für mich aufgetrieben. Wir verabschiedeten uns noch einmal, und er winkte mir noch eine Weile hinterher.

„Gute Reise morgen!", rief er.

Es war mein letzter Tag in Gujarat. In der Früh mußte ich nach Udaipur aufbrechen. Danach ging es nach Jaipur. Und schließlich zurück nach Delhi.

Ich lag im Hotel wach auf dem Bett. Eine Kerze hatte ich angezündet. Das Zimmer war aufgeheizt gewesen wie ein Backofen. Über mir fauchte nun der Ventilator und ließ das Flämmchen der Kerze flackern. An der Wand tanzten Schatten.

Und während ich so dalag und zur Decke starrte, beschäftigten mich verschiedene Reflexionen. Die Bilder der Tempel von Shantrunjaya zogen noch einmal an meinem geistigen Auge vorüber, und ich mußte mich wundern, wie es geschehen konnte, daß über den Jainismus in Europa so wenig bekannt geworden ist, während es doch für den Hinduismus und erst recht für den Buddhismus dort stets ein gewisses Interesse gegeben hat.

Dabei kam mir ein sicherlich etwas ungewöhnlicher Vergleich. Im Grunde, so dachte ich, ähnelt das Gemeindeleben der Jainas jener Art, wie der Buddhismus seit einigen Jahrzehnten in Europa praktiziert wird. Es gibt dort bereits viele buddhistische Zentren, die ein eigenes Gebäude besitzen oder zumindest über eigene Räumlichkeiten verfügen. In diesen Einrichtungen leben auch oft zwei oder drei Mönche oder Nonnen, die mit den Angelegenheiten des Zentrums beschäftigt sind. Es gibt eine Küche, einen Versammlungsraum, Bibliothek, Lesesaal, einen Shop für Bücher und Ritualgegenstände und natürlich einen Tempelraum. Dort finden für die Laiengemeinschaft Pujas statt, und an den Wochenenden werden Kurse oder Seminare angeboten. Auch Feste werden gefeiert und öffentliche Tage veranstaltet. Prinzipiell kann auch jeder den Tempelsaal zur Meditation privat benutzen.

Dieses — wenn ich mal so sagen darf — europäisch-buddhistische Gemeindeleben gleicht aber genau dem, was die Jainas in Indien seit Jahrhunderten praktizieren. Hier können Laien die Tempel nutzen, wie es ihnen beliebt. Man verfügt über Upashrayas (Gemeindehäuser), wo auch ständig Mönche oder Nonnen anwesend sind und wo Unterweisungen in der Lehre gegeben und Pujas durchgeführt werden. Außerdem sind bei den Jainas Männer und Frauen prinzipiell gleichberechtigt.

Es drängt sich nun die Frage auf, hätte der Buddhismus in Indien bei einer gleichen Organisation überlebt? Ich persönlich bin davon überzeugt.

Im Jahre 1593 erließ der Moghul-Kaiser Akbar ein Edikt, nach welchem die Verfolgung der Jainas durch die Moslems ein Ende fand und der Jaina-Gemeinde ihre heiligen Orte als Kultstätten zugesichert wurden. Ganz gewiß hätte der tolerant gesinnte Akbar per Edikt auch den Fortbestand des Buddhismus in Indien garantiert — wenn es zu dieser Zeit den Buddhismus in seinem Ursprungsland noch gegeben hätte. Und dennoch besteht die berechtigte Hoffnung, daß der Buddhismus auch in Indien künftig wieder Bedeutung erlangen wird.

Initiator der gewaltigen Bewegung des indischen Neobuddhismus war Dr. Bhimrao Ramji Ambedkar, ein hochrangiger Politiker seit den ersten Stunden des unabhängigen Indiens. Ambedkar wurde am 14. April 1891 in der Familie eines sogenannten Unberührbaren geboren. Trotz der bitteren Erfahrungen von Benachteiligung und Diskriminierung, die Angehörige dieser untersten sozialen Schicht des indischen Kastensystems zu erdulden haben, gelang es ihm, eine Schulausbildung und später ein Studium in den USA und in Europa zu erhalten. In den 20er Jahren kehrte er als promovierter Jurist nach Indien zurück und begann, sich leidenschaftlich für die Belange seiner Leidensgenossen zu engagieren. In der Gestalt des historischen Buddha erkannte er sehr bald einen Vorkämpfer zur Überwindung des indischen Kastensystems, und in den 30er Jahren verkündete Ambedkar öffentlich, daß er zwar als Hindu geboren sei, aber nicht als Hindu sterben werde. Auf seinen Reisen nach Südost-Asien lernte er die gesellschaftliche Rolle des Buddhismus kennen; dabei wurde ihm aber auch die Entartung des Mönchsordens bewußt, und in ihm reifte die Idee einer Neubegründung des buddhistischen Sangha in seinem Heimatland nach den alten Idealen, in Einklang jedoch mit der konkreten Situation Indiens. Im Jahre 1947 holte ihn Nehru in sein Kabinett, wo er als Justizminister federführend an der Ausarbeitung einer Verfassung für die Republik Indien mitwirkte. Am 14. Oktober 1956, genau 2500 Jahre nach Buddhas Nirvana, trat Ambedkar dann während einer gewaltigen Zeremonie, an welcher fast 400.000 Menschen teilnahmen, offiziell zum Buddhismus über, indem er die dreifache Zufluchtsformel zu Buddha, Dharma und Sangha aussprach.

Die Bewegung, die aus Ambedkars Wirken hervorgegangen ist, zählt heute schon wesentlich mehr Anhänger als der Jainismus. Und immer wieder geschieht es in Indien, daß ganze Dorfgemeinschaften geschlossen zum erneuerten Buddhismus übertreten.

Vor allem war Ambedkar bemüht, das Laientum des Buddhismus aufzuwerten und gleichberechtigt neben die Ordensmitglieder zu stellen. Nach seinem Verständnis sollte der buddhistische Mönch neben seiner Funktion als Lehrer oder Acarya vor allem auch karitative Aufgaben in der Gemeinde erfüllen.

Doch genau diese Rolle kommt seit eh und je einem Jaina-Mönch innerhalb seiner Gemeinschaft zu, wobei der Jaina-Laie stets das Recht hatte, den Wandel der Mönche zu beaufsichtigen und zu kontrollieren. Dank dieser festgefügten Organisation konnte sich der Jainismus, ungeachtet der Angriffe des Hinduismus und der Verfolgung durch die Moslems, bis auf den heutigen Tag in Indien behaupten.

Auch die Spaltung in zwei Konfessionen hat den Jainismus nicht wesentlich schwächen können, weil Shvetambaras und Digambaras sich niemals in vollständiger Opposition gegenübergestanden haben. Die überwiegende Zahl der Jainas erkennt heute ganz selbstverständlich beide Konfessionen als gleichberechtigte Ausdrucksformen der gemeinsamen Lehre an.

Bleibt noch die Frage nach der künftigen Entwicklung des Jainismus. Mit Sicherheit werden die Jainas weiter versuchen, ihr geozentrisches Weltbild zu behaupten. Der Aufbau des Universums wurde von den Tirthamkaras verkündet und gilt deshalb als ewige, unumstößliche Wahrheit. Ein Jaina, der die in heiligen Werken niedergelegte Kosmografie anzweifeln würde, würde auch die Allwissenheit eines Tirthamkara in Frage stellen. Und dennoch – ist damit nicht eine Krise innerhalb des Jainismus vorprogrammiert? Wird es eines Tages dazu kommen, daß sich der Jainismus in Parteien spaltet? In Konservative? In Progressive? In solche, die konsequent allem Offenbarten Autorität zusprechen und moderne Wissenschaft ignorieren? Und in andere, die versuchen, ein neues, zeitgemäßes Verständnis der jainistischen Metaphysik zu finden – vielleicht, indem sie die traditionelle Kosmografie als ein symbolisches Abbild des Weltalls zum Zweck der meditativen Schau interpretieren?

Das sind Fragen, über die man im Augenblick nur spekulieren kann.

Ich finde es im Grunde auch müßig, sich über die Kosmografie der Jainas auszulassen. Das jainistische Weltbild hat sich mit historischer Notwendigkeit entwickelt und über Jahrtausende seinen Zweck im Geistesleben der Inder erfüllt. Vielleicht wird es den Jainas auch einmal problemlos gelingen – so, wie es die Buddhisten verstanden haben –, traditionelle Kosmografie und moderne Wissenschaft in Einklang zu bringen. Ihren ethischen Grundsätzen — und das ist das einzige, was wirklich sicher ist — werden solche Entwicklungen nichts anhaben können.

Nachbemerkungen

Brahmanismus, Hinduismus, Buddhismus und Jainismus

Es gibt die Vorstellung, Buddhismus und Jainismus seien im 6. Jahrhundert v. Chr. als Reformbewegungen des damals vorherrschenden Brahmanismus entstanden. Doch das ist nicht ganz exakt und läßt falsche Schlüsse zu.

Der Brahmanismus zu Zeiten Buddhas und Mahaviras war im Grunde nichts anderes als eine Erweiterung jener polytheistischen Glaubensvorstellungen der etwa ab 1500 v. Chr. in Indien eingewanderten Arier durch ein kompliziertes Opferwesen, welches dem Priesterstand die überirdischen Mächte der Götter als transzendentes Werkzeug in die Hände gelegt und ihn mit dem Aufkommen der Kastenordnung an die Spitze der sozialen Pyramide gehoben hatte. Der naive Polytheismus der arischen Einwanderer bildete aber keineswegs den Nährboden für die Grundlehren des Buddhismus und Jainismus.

Govinda schreibt: „Wenn wir heute den gewaltigen Strom der gesamt-indischen Tradition betrachten, der aus dem Dunkel vorgeschichtlicher Zeit in die Gegenwart strömt, so erkennen wir, daß der Buddhismus — wie der Jainismus — aus einer Quelle floß, die für mehr als ein Jahrtausend indo-arischer Vorherrschaft untergründig sprudelte, bis sie im 6. Jh. v. d. Zeitr. wieder voll zur Oberfläche durchbrach, um dann neben dem indo-arischen Brahmanismus den ihr gebührenden Platz einzunehmen: zwar nicht in völliger Opposition, doch deutlich sich in ihrer Verschiedenheit und Unterschiedlichkeit davon absetzend."[1]

Die Souveränität des Buddhismus und Jainismus gegenüber dem Götter verehrenden Brahmanismus in jener Zeit zeigt sich am deutlichsten darin, daß

---

[1] *Einsichten eines Pilgers im Himalaya*, Münster 1993

die Lehren des Buddha und Mahavira alle Götter lediglich als höhere Wesenheiten ansahen, die in den Himmelssphären vergängliche Freuden genießen, aber wie alle anderen Lebewesen dem Kreislauf von Geburt und Tod ausgesetzt sind und deshalb weder die Welt regieren noch den Menschen auf dem Weg zur Erlösung dienlich sein können. Dem Buddhismus und Jainismus lag also ein ganz anderes Prinzip zugrunde als dem Brahmanismus. Buddha und Mahavira waren vornehmlich bemüht, all jenen, die ihnen zuhörten, verständlich zu machen, daß der Einzelne durch sein Handeln in Gedanken, Worten und Taten das Geschick in den eigenen Händen hält und nicht etwa den Launen der Götter ausgesetzt ist.

Zu der Zeit, als beide Lehrer in Magadha auftraten, wurde schon deutlich, daß der Einfluß des Brahmanismus abzunehmen begann. Schuld daran war eine besonders unter der wohlhabenden Bevölkerung — namentlich den Kshatriyas — umgreifende Unzufriedenheit gegenüber dem Opferkult, der exzessive Formen angenommen hatte und in einseitiger Weise dem Priesterstand diente. Viele leugneten bereits den Wert des Opferwesens und sehnten sich nach einer mystischen Vereinigung der Individualseele (Atman) mit der Weltseele (Brahman). Diese Entwicklung fand in den Schriften der Upanishaden ihren Niederschlag. Mit dem Rückgang der Bedeutung des Opferkults schwand auch die Popularität der alten Götter der Indo-Arier, wie Varuna, Mitra oder Vayu. An ihre Stelle erhob sich eine Gottheit, welcher vermutlich in verschiedener Weise schon zu vor-arischer Zeit gehuldigt worden war — Shiva. Auch Vishnu, der in den alten Texten noch eine untergeordnete Rolle gespielt hatte, fand immer größere Verehrung. Und damit zeichneten sich bereits die Hauptrichtungen jenes religiösen Systems ab, das wir heute „Hinduismus" nennen.

Das Verhältnis der Jainas zum Hinduismus ist in manchem ähnlich mit ihrem Verhältnis zum Buddhismus. Sie sehen die Hindus nicht als Bekenner einer fremden Religion an, sondern glauben, daß der Hinduismus aus ihrer Lehre hervorgegangen ist. Die Hindus ihrerseits betrachten auch die Jainas nicht als Angehörige einer anderen Religion, sondern, wie die Buddhisten, als Anhänger einer Untersekte ihres eigenen Systems.

Zu erwähnen ist noch eine Eigenart der Shvetambaras. Sie lassen nämlich auch Hindus für den Tempeldienst und als Ministranten bei größeren Pujas zu. Bei den Digambaras ist so etwas allerdings undenkbar.

Über das Verhältnis der Jainas zum Buddhismus wurde bereits gesprochen.

Was nun das umgekehrte Verhältnis angeht, so werden die Jainas von den Buddhisten meistens ignoriert. Das ist jedoch auch auf mangelnde Kenntnis vieler Buddhisten über den Jainismus zurückzuführen. Und ganz besonders trifft dies auf Buddhisten aus westlichen Ländern zu. Dort haben sich mitunter sehr verzerrte Bilder des Jainismus eingeprägt — vor allem was die asketische Praxis und die Karma-Lehre der Jainas betrifft. An letzterem sind bedauerlicherweise auch so bedeutende Gelehrte wie Govinda nicht ganz unschuldig. Govinda behauptet, die Jainas verstünden unter Karma lediglich „einen äußeren Handlungsablauf"; er schreibt: „... die Absicht schafft Karma — nicht ein rein äußerlicher Tatablauf. Tun, Handeln (Karma) ist im Buddhismus immer vom bewußten Willen gesteuertes Handeln und kein zufälliger Akt. Auch hier wird deutlich, daß der Buddha zeitgenössische Anschauungen (wie beispielsweise hier die der Karma-Vorstellung bei den Jainas und anderen Shramana-Sekten seiner Zeit) auf ihre alten, ursprünglichen Anschauungen zurückführte."[1] Das ist natürlich — vorsichtig ausgedrückt — eine etwas einseitige Interpretationsweise. Die Jainas sind durchaus auch der Auffassung, daß Absicht Karma schafft — besonders dann, wenn die Absicht frevelhaft (Sanskrit: Papa) ist. Nur ist es eben so, daß die Jainas zum einen die Natur von Karma anders definieren als die Buddhisten, und zum anderen auch unaufmerksamen Handlungsweisen (Sanskrit: Pramada) innerhalb ihrer Karma-Theorie große Bedeutung beimessen — d. h., wenn jemand unbeabsichtigt einem anderen Lebewesen Schaden zufügt, so bindet er ebenfalls eine Menge Karma, da ja einem jeden die Möglichkeiten eines aufmerksamen, achtsamen Lebenswandels offenstehen.

Was den Fleischgenuß betrifft, so liegen viele Buddhisten mit den Jainas auf einer Linie und lehnen ihn konsequent ab. Besonders im Mahayana-Buddhismus und ganz besonders im Vajrayana-Buddhismus jedoch haben sich diesbezüglich auch freiere Auffassungen eingebürgert. So gibt es dort auch die Ansicht, daß einer, der Fleisch genießt, sich noch lange nicht am Tod eines Tieres schuldig gemacht hat. Die Jainas aber sprechen hier nach wie vor eine sehr deutliche Sprache: „All jene, die unbekümmert, nachdem Tiere geschlachtet wurden, Fleisch kaufen, Fleisch kochen, Fleisch servieren und Fleisch essen — all jene sind schuldig, daß Lebewesen getötet werden."

---

[1] *a. a. O.*

Anhang

Die Tirthamkaras und ihre Symbole

(D = Digambaras; die Seitenzahlen geben jene Stellen an, wo etwas Wesentliches zu dem jeweiligen Tirthamkara zu erfahren ist)

1. Rishabha oder Adinatha — Stier; S. 28, 30f
2. Ajitanatha — Elefant; S. 88
3. Sambhava — Pferd; S. 86
4. Abhinandana — Affe; S. 86
5. Sumatinatha — Vogel; S. 87
6. Padmaprabha — siebenblättriger Lotos; S. 84f
7. Suparshvanatha — Svastika; S. 69, 87
8. Candraprabha — Halbmond; S. 69, 85
9. Suvidhinatha oder Pushpadanta — Delphin (D: Krebs); S. 84
10. Shitalanatha — Shrivatsa (D: Ficus religiosa); S. 86
11. Shreyamsa — Nashorn (D: Garuda); S. 84, 86
12. Vasupujya — Büffel; S. 86
13. Vimalanatha — Eber S. 87f
14. Anantanatha — Falke (D: Bär); S. 70, 86
15. Dharmanatha — Vajra; S. 87
16. Shantinatha — Gazelle; S. 68f, 87
17. Kunthunatha — Ziegenbock; S. 83
18. Aranatha — Nandyavarta (D: Fisch); S. 83
19. Malli oder Mallinatha — Krug; S. 83f
20. Munisuvrata — Schildkröte; S. 85
21. Naminatha — fünfblättriger Lotos; S. 78, 83
22. Neminatha oder Arishtanemi — Muschel; S. 32, 66
23. Parshvanatha — Schlange; S. 7, 32ff
24. Mahavira — Löwe; S. 7f, 36ff, 93ff

Reisetips

Die heiligen Berge des Jainismus sind ein Geheimtip für den Indienreisenden; es lohnt sich ganz bestimmt, den einen oder anderen der Berge — je nachdem, wie sich eine Möglichkeit ergibt — in die Reisepläne mit einzubeziehen.

Für eine Tour zu allen sechs Bergen sollte man mindestens vier, besser aber fünf Wochen einplanen.

Folgende Route ist zu empfehlen (im Anschluß erläutert):
* Flug: Bombay — Bangalore/Karnataka
Bus: Bangalore — Shravana Belgola u. retour
* Flug: Bangalore — Bombay
* Flug: Bombay — Ahmedabad/Gujarat
Bus: Ahmedabad — Palitana (Berg Shantrunjaya)
    Palitana — Junagadh (Berg Girnar)
    Junagadh — Palitana
    Palitana — Ahmedabad
    Ahmedabad — Udaipur/Rajasthan
    Udaipur — Ranakpur (Tempel)
    Ranakpur — Berg Abu
    Berg Abu — Udaipur
Bahn: Udaipur — Jaipur — Delhi
* Flug: Delhi — Patna/Bihar
Bus: zu den heiligen Orten des Buddhismus und Jainismus in Bihar
* Flug: Patna — Delhi

Bahn

Wer in Indien Bahn fahren möchte, braucht vor allem Geduld. Verspätungen sind keine Ausnahmen, sondern eher die Regel. Außerdem ist es in Indien nicht möglich, einfach ein Ticket zu kaufen und sich dann in den Zug zu setzen. Mindestens zwei Tage vorher reservieren! Hotelpersonal steht meistens mit Tips und Ratschlägen hilfreich zur Seite.

Bus

Von den öffentlichen Verkehrsmitteln in Indien das zuverlässigste und preiswerteste. Busse fahren praktisch überallhin. Reservierung in der Regel nicht notwendig. Wenn die Verhältnisse auf den Busplätzen zunächst etwas chaotisch wirken — nicht abschrecken lassen! Fragen! Es findet sich immer jemand, der hilft. Buchung in bequemen Reisebussen einen Tag oder auch Stunden vorher möglich. An jeder Bushaltestelle warten Rikschas.

Hier auch ein Tip zum Gepäck: Nur in Reisebussen ist die Gepäckbeförderung relativ unproblematisch, nicht aber in Lokalbussen. Deshalb sind große Rucksäcke mit Außengestellen auf Touren per Lokalbus total unpraktisch. Man bleibt auch beim Einsteigen in den Bus mit großen Rucksäcken überall hängen und weiß dann nicht so recht, wie man sie verstauen soll. Und wenn man deshalb noch einen zweiten Platz belegen muß, werden Rucksäcke leicht zum Objekt des Anstoßes. Ferner sollte man beachten, daß zu viel Reisegepäck in dieser Hitze sehr lästig werden kann. Deshalb empfiehlt es sich, die Reise so zu organisieren, daß man immer eine bestimmte Stadt zum Ausgangspunkt und Ziel der jeweiligen Tour macht, in einem Hotel dort größere Gepäckstücke zur Aufbewahrung gibt (das ist in der Regel ohne weiteres möglich) und auf die Tour mit dem Lokalbus dann nur einen kleinen Rucksack, eine Sporttasche oder einen schmalen Koffer mitnimmt. Sie brauchen in Indien wirklich noch nicht einmal die Hälfte der Sachen, die Sie ansonsten gerne auf Reisen mitnehmen, und u. U. können Sie sich auch Verschiedenes (wie ein Paar neue Sandalen, ein Hemd oder Toilettengegenstände) je nach Bedarf unterwegs preiswert kaufen. Auch ein Schlafsack ist nicht unbedingt notwendig (und nur unnötiger Ballast), da Sie ja ohnehin in Gästehäusern oder Hotels übernachten.

Flug

Die Flüge bucht man alle hier. Es empfiehlt sich aber, nur die Tickets von Europa nach Indien und retour hier im Reisebüro und die Tickets für die Inlandflüge dann an den Schaltern der nationalen Flughäfen in Indien zu kaufen. Damit kommt man billiger. Die Ticketschalter sind auf den Flughäfen leicht zu finden. Aber Computerausdruck für die Buchungen nicht vergessen!

Die Berge Vindhyagiri und Candragiri

Bangalore

In der Regel kommt man gegen Mittag auf dem Flughafen in Bangalore an. Mit Taxi — oder, wenn es geht, mit Motorrikscha — zum Busbahnhof. Busse nach **Shravana Belgola** fahren auch nachmittags. Ansonsten gibt es auch preiswerte Hotels nahe dem Busbahnhof. Schilder weithin sichtbar. Zu empfehlen, weil von der Hauptstraße abgewandt:

Pushpamala PVT. LTD.
No. 9, S. C. Road Cross, R. K. Puram
Bangalore — 560.009
Tel.: 080 — 2874010, 2874011 — 12

Einzelzimmer mit Dusche schon ab umgerechnet 8 DM. Sauber! Fünf Minuten zu Fuß bis Busbahnhof.

Shravana Belgola

In Shravana Belgola Unterkunft in einem der Dharamsalas. Sauber, gepflegt, auch Bett mit Fliegennetz möglich. Die Preise sind so niedrig, daß man sie kaum in DM umrechnen kann. Bei Ankunft eventuell Rikscha-Fahrer fragen.

Die Besteigung der beiden Berge (eigentlich sind es nur Hügel) sollte am frühen Morgen erfolgen. Vom *Vindhyagiri* hat man eine gute Sicht auf die Stadt: Tempel *Akana Basadi* rechts am Fuße des *Candragiri*, *Bhandara Basadi* im Stadtzentrum, Kloster *Matha* unweit davon.

Halebid

Zu empfehlen von hier aus eine Tour mit Bus nach Halebid. Hier befinden sich drei Jaina-Tempel aus dem 12. Jahrhundert, die zwar ihre Bedeutung für die Jaina-Gemeinde verloren haben aber sehr sehenswert sind.

Die Berge Shantrunjaya, Girnar, Abu, Tempel Ranakpur

Ahmedabad

Nach Ahmedabad (man spricht: *am-da-bad*), der Hauptstadt von Gujarat, kann man natürlich auch von Delhi aus fliegen. Dauer: etwas über eine Stunde. Mit dem Zug 30 Stunden! Zahlreiche Hotels in der Stadt: Taxi- oder Rikscha-Fahrer fragen. Zu empfehlen, weil unweit des Busbahnhofs und relativ ruhige Lage:

Stay inn
Nahe Khanpur Gate
Opp. Ushakiran Flats
Ahmedabad — 380.001
Tel.: 079 — 5505724, 5503993
Zimmer zwischen 20 und 25 DM. Westlicher Standard.
In Ahmedabad kann man den **Tempel des Hathi Singh** besuchen. Dem 15. Tirthamkara Dharmanatha geweiht. Fragen nach: jain-temple.

Palitana

Die Busse von Ahmedabad nach Palitana fahren gegen 8 Uhr morgens. Fahrtzeit ca. 6,5 Stunden. Hotels in Palitana:

Shravak, genau gegenüber dem Busplatz.
Sumeru Tourist Bungalow, nahe Bahnhof.

Shantrunjaya

Aufstieg zum Berg Shantrunjaya sehr zeitig beginnen. Am besten am Abend zuvor schon Rikscha oder Pferdekutsche für die Fahrt zum Fuße des Berges bestellen. Auf dem Shantrunjaya besteht Fotoverbot. Allerdings kann man sich im Büro nach dem Eingang zur Tempelanlage ein Permit für das Fotografieren kaufen.

Junagadh

Der Bus von Palitana nach Junagadh fährt etwa um 6 Uhr in der Früh. Deshalb empfiehlt sich auch das Hotel Shravak gleich neben dem Busplatz. Am besten, man deponiert das Gepäck im Hotel und zieht für die Zwei- oder Drei-Tage-Tour mit Handgepäck los. Hotels in Junagadh:

National *Relief*
Kalwa Chowk *Im Zentrum*
Tel.: 0285 — 27891 *Tel.: 0285 — 20280*

Hier bekam ich Einzelzimmer mit Dusche für umgerechnet 3.50 DM.

Girnar

Zum Berg Girnar am besten mit einer Motorrikscha fahren. Die Besteigung sollte man sehr zeitig beginnen. Bei den Jaina-Tempeln des Berges besteht Fotoverbot. Natürlich kann man heimlich fotografieren. Vor dem Betreten des Haupttempels muß man allerdings die Kamera abgeben.

Udaipur

Nach Udaipur in Rajasthan kann man auch von Ahmedabad aus mit dem Zug fahren. Das wäre jedoch Zeitverschwendung. Mit dem Bus ist man wesentlich schneller; außerdem ist das unproblematisch; keine Nerverei mit Platzkarten etc. In der schönen Stadt Udaipur wird man sicherlich ein paar Tage bleiben. Hier gibt es auch Superhotels, die man sich leisten kann, z. B. zwei Hotels, die nahe dem Bahnhof, der Busstation und der Altstadt liegen:

> *Mahendra Prakash*
> *Lake Palace Road*
> *Udaipur — 313.001*
> *Tel.: 0294 — 29370*
> Mit Swimmingpool.

> *Shambhu Vilas*
> (liegt gleich nebenan)
> *Tel. 0294 — 29381*
> Dachrestaurant mit Blick zum Raja-Palast.

Ranakpur

Für die Tour Udaipur-Ranakpur-Abu-Udaipur deponiert man am besten das Gepäck im Hotel in Udaipur und nimmt nur leichtes Gepäck mit. Busse fahren frühmorgens.

In Ranakpur gibt es ein gutes und preiswertes Gästehaus gleich neben dem Tempel **Drinasha**.

Abu

Bus nach **Abu-Road** früh um 6 Uhr; Abfahrt vor dem Tempel Drinasha in Ranakpur. Von Abu-Road fahren mehrmals am Tag Busse hinauf nach **Mt. Abu**.

In Mt. Abu gibt es unzählige Hotels aller Preisklassen. Zu den Tempeln von **Dilvara, Achal Garh** und zum Gipfel **Guru Shikhara** nimmt man sich am besten ein Taxi oder einen Jeep. In den Dilvara-Tempeln und in Achal Garh besteht strenges Fotoverbot; Kameras werden während des Besuchs abgenommen.

Der Berg Sametashikhara in Bihar

Reisen zu den heiligen Stätten in Bihar, die mit dem Leben Buddhas in Verbindung stehen, werden immer beliebter. Während einer solchen Tour könnte man auch Sametashikhara, jenen heiligen Berg der Jainas, besuchen.

Hazaribagh

Während der Bihar-Tour wird man sicherlich ein paar Tage in **Bodhgaya** verbringen. Von der Stadt *Gaya* gehen Busse nach Hazaribagh. Fahrtzeit: ca. 4 Stunden. In Hazaribagh selbst gibt es zwar nichts zu sehen, nebenan befindet sich aber ein Nationalpark, dessen Besuch sich lohnt. Man kann auch sonst um Hazaribagh sehr schön wandern. Ein Stück von der Stadt entfernt liegt ein wunderbarer See. Man fährt daran mit dem Bus, von Gaya kommend, vorbei.

Hazaribagh ist auch von **Patna** mit dem Bus zu erreichen. Fahrtzeit ca. 8 Stunden. Es werden auch Pausen zur Erfrischung eingelegt.

In Hazaribagh gibt es zwei sehr gute und preiswerte Hotels gleich an der Hauptstraße: *Prince* und *Upkar*. Fahrt von der Bushaltestelle mit der Rikscha.

Parasnath

Für die Tour zum *Sametashikhara* läßt man am besten wieder das große Gepäck im Hotel in Hazaribagh zurück. Man startet früh gegen 8 Uhr mit dem Bus nach **Bagodar**. Achtung: in Hazaribagh gibt es zwei Busplätze, d. h. den Rikscha-Fahrer oder im Hotel nach dem richtigen fragen. Zwei Stationen hinter Bagodar aussteigen. Man muß auf alle Fälle dem Ticketcollector vorher Bescheid sagen, weil der Bus nicht automatisch hält. Weiterfahrt bis Parasnath mit Taxi oder Jeep.

Die Unterkünfte in den Dharamsalas in Parasnath entsprechen zwar bei weitem nicht unserem gewohnten Hotelstandart, sind aber allen bescheidenen Ansprüchen der Zivilisation genügend. In den Zimmern befindet sich meist ein gemauerter Sockel. Darauf bekommt man ein bequemes Bett gemacht – aus Matratzen, Decken und Kissen, ganz wie man es wünscht. Wichtig: Ein Mittel gegen Moskitos mitnehmen. Gute Salben zu diesem Zweck bekommt man in Indien zu kaufen. Ich habe damit die besten Erfahrungen gemacht. In den Drogerien wird man auch beraten.

Von Parasnath erfolgt um 4 Uhr in der Früh der Aufstieg zum Berg Sametashikhara.

Was den **Parikrama** des Berges angeht, so könnte ich mir vorstellen, daß man mit Europäern auch ein wenig Nachsicht übt und nichts dagegen hat, wenn sie streckenweise Sandalen oder Schuhe tragen. (Ich gebe aber keine Garantie!) An den Schreinen und in deren Umfeld muß man auf alle Fälle mit nackten Füßen gehen. Die Heiligtümer mit Schuhen zu betreten, wäre ein Sakrileg.

Der Parikrama erfolgt genau so, wie es im Text beschrieben wurde.

Rajgir
(im Text wurde der alte Pali-Name Rajagaha genannt)
Wem Sametashikhara, dieser heiliger Berg der Jainas, doch zu anstrengend ist, der sollte wenigstens nicht versäumen, in Rajgir ein paar Heiligtümer der Jainas zu besuchen. Nach dem Südtor, von Gaya kommend, erkennt man auf dem rechten Bergrücken einen Jaina-Tempel, zu dem eine lange Treppe hinaufführt. Auf den Hügeln ringsum befinden sich weitere Jaina-Tempel.

Auf alle Fälle sollte man die Jaina-Tempel auf dem **Vaibhara-Hügel** über dem Nordtor (Richtung Neu Rajgir) besuchen. Es handelt sich nämlich dort um jenen Ort, den einst König Bimbisara dem Mahavira und seinen Jüngern zugewiesen hat. Der Aufstieg erfolgt bei jenen berühmten heißen Quellen, die von den Hindus mit einem Tempel umbaut wurden (leicht zu finden). Nach der langen Treppe links der erste Tempel, dem Parshvanatha geweiht. Hier bekommt man auch eine Erfrischung (Zitronenwasser). Dann folgen weitere Heiligtümer. Von besonderem Interesse: ein Jaina-Tempel, im Stil einer Moschee errichtet. Der Ort wirkt faszinierend; man spürt förmlich (mir ging es jedenfalls so), daß hier einst ein großer Geist Indiens verweilt hat. Auch auf dem gegenüberliegenden Hang befinden sich einige Jaina-Tempel. Sie waren aber während meines Besuchs geschlossen.

Den Aufstieg zum **Geierberg** in Rajgir und zur Seilbahn, die zum **Stupa** auf dem Ratna-Berg führt, findet man leicht, weil die Landstraße genau dorthin abzweigt.

Für Rajgir genügt eine Tagestour von Bodhgaya aus. Übernachtung nur nötig, wenn man noch nach Pavapuri fahren will. Deshalb folgender Tip: Bodhgaya Hotel: *Buddha Siddhartha*. Das ist zwar im Grunde nur eine Pilgerunterkunft, aber solide, gepflegt; Betten mit Fliegennetz; gutes Restaurant. Und das günstigste ist, daß gleich vor dem Hotel die Busse nach Rajgir und

Patna abfahren. Außerdem gehören die Hotels in Rajgir zur selben Hotelkette, und man kann deshalb im *Buddha Siddhartha* schon alles klarmachen, auch bezüglich der Fahrt nach Pavapuri.

Pavapuri
Von Rajgir aus gelangt man mit dem Bus nach Pavapuri, dem Ort, wo Mahavira das Nirvana fand. Die genaue Stelle bezeichnet der Tempel *Jalmandir,* der inmitten eines Teiches liegt, und zu dem eine große Steinbrücke führt. Das Heiligtum besteht aus drei kleineren Hallen; die mittlere enthält Mahaviras Fußabdrücke, die beiden anderen die von Mahaviras Jünger Gautama Indrabhuti und des Heiligen Sudharma, der nach Mahaviras Tod eine Zeitlang die Jaina-Gemeinde geführt hatte.

Kundagrama
Wem der Jainismus fasziniert, der kann von Pavapuri auch noch nach Kundagrama, dem Ort Mahaviras Geburt, weiterfahren. Von dort aus gelangt man schließlich nach Patna.

Glossar mit Register

Acarya — spiritueller Lehrmeister bei den Hindus, Buddhisten und Jainas. S. 44, 148, 156
Adharma — in der jainistischen Metaphysik das Medium für Bewegung. S. 135
Ahimsa — Nichtschädigung, Nichtverletzen. S. 40, 95
Ajiva — in der jainistischen Metaphysik das Ungeistige, besteht aus 5 ihrer Natur nach ewigen und unzerstörbaren Entitäten: die Medien für Bewegung und Ruhe (Dharma und Adharma), Raum (Akasha), Stoff (Pudgala) und Zeit (Kala). S. 11, 39, 135
Akasha — der Raum. S. 135
Amitabha — ein Meditationsbuddha, mit roter Körperfarbe dargestellt; seine Hände ruhen in der Meditationsgeste im Schoß; Attribut: Lotos; Symboltier: Pfau; Element: Feuer; im tantrischen Buddhismus versinnbildlicht er die analytische Weisheit. S. 19
Asrava — Influenz. S. 135
Atman — in der hinduistischen Philosophie das Selbst, die Anwesenheit der universellen Seele im Individuum. S. 10, 33, 159
Bandha — Bindung von Karma. S. 135f
Bhadrasana — Thron; eines der Glückssymbole. S. 146f
Bharata — der legendäre erste Cakravartin (vgl.) von Indien; Name der südlichen Landzone von Jambudvipa (vgl.); Name der Republik Indien bei der einheimischen Bevölkerung. S. 30f, 52, 58ff, 65f, 122, 131
Bodhgaya — jener Ort im heutigen indischen Bundesstaat Bihar, wo Buddha einst die Erleuchtung fand. S. 13, 72, 96f
Bön-Religion — Religionsform aus Tibet; historisch in drei Phasen unterteilt: 1. die alte animistisch-schamanistische Kultform der tibetischen Stämme, verwandt mit den alten Glaubensvorstellungen in Sibirien, Turkestan, der Mongolei und China; 2. die von dem Heiligen Shenrab in West-Tibet aus Elementen des alten Bön-Glaubens und religiösen Elementen Indiens und des alten Persiens gestiftete synkretistische Religionsform; 3. die dem Kultus des tibetischen Buddhismus angepaßte Form der Bön-Religion, wie sie heute noch in verschiedenen Gebieten Tibets, im Norden Indiens und Nepals anzutreffen ist. S. 29
Brahman — in der hinduistischen Tradition die unpersönliche Universalseele. S. 10, 159
Brahmane — Priester, Angehörige der höchsten Kaste. S. 7, 60, 158
Brahmanismus — sehr frühe Form des hinduistischen Systems, basiert auf Opferpraxis. S. 10, 44, 158f
Cakra — Rad; in der Tradition des Yoga psycho-somatische Zentren im menschlichen Organismus; im Jainismus und Buddhismus Symbol der Lehre, auch Siddha-cakra, „heiliges Rad", und Dharma-cakra, „Rad der Lehre"; Kleinod und Waffe eines Cakravartin (vgl.). S. 28, 60, 65, 148
Cakravartin — legendäre Herrscher, die über einen Weltteil gebieten und ihre Würde durch

gute Taten in früheren Existenzen erlangt haben; sie verdanken ferner ihren Erfolg dem Besitz wunderbarer Kleinodien. S. 30f, 60f

Darpana — Spiegel; eines der Glückssymbole. S. 146f

Dharamsala — Unterkunft für Pilger am Weg zu heiligen Stätten. S. 73, 79, 80

Dharma — wörtl. Erscheinung, Eigenart; im Buddhismus und Jainismus Bezeichnung der Lehre allgemein; im Hinduismus mehrere Bedeutungen wie Gesetz, Recht, Sitte, Pflicht, Ordnung etc.; in der Metaphysik des Jainismus auch das Medium für Bewegung. S. 135, 145, 156

Digambaras — „die Luftgekleideten", eine der beiden Konfessionen des Jainismus. S. 36ff, 42, 45, 48, 51ff, 67, 72, 100f, 148, 156, 159, 161

Ganesha — elefantenköpfiger Sohn Shivas, personifiziert die Beseitigung aller Hindernisse für den materiellen und spirituellen Fortschritt; wird auch in Jaina-Tempeln dargestellt. S. 21, 107

Garuda — mythischer Urvogel; wird in allen drei Religionen Indiens dargestellt; speziell im Hinduismus Flugtier des Gottes Vishnu. S. 21

Indra — alt-indische Gottheit des Regens, Windes, Sturms, Donners und Blitzes; Oberhaupt des Himmels. S. 38, 52, 60, 64, 76

Ishatpragbhara — in der Kosmografie des Jainismus die Region der erlösten Seelen; befindet sich über der höchsten Himmelssphäre; nur im Zustand des Nirvana zu erreichen. S. 75f, 133, 146

Jambudvipa — im alt-indischen Weltbild nach hinduistischer und jainistischer Tradition der kreisförmige Zentralkontinent mit dem Berg Meru in der Mitte; in der mystischen Kosmografie des Mahayana-Buddhismus der südliche von vier um den Meru in den Kardinalrichtungen angeordneten Kontinenten, dessen Zentrum der Berg Kailash bildet. S. 130ff, 149ff, 154

Jiva — die Seele. S. 10, 39, 135

Kailash — heiligster Berg des Hinduismus, Jainismus, Buddhismus und der Bön-Religion. S. 14, 30, 60, 72, 122

Kala — die Zeit. S. 135

Kalasha — Krug; eines der Glückssymbole. S. 146f

Kaliyuga — „schwarzes Zeitalter", vgl. Mahayuga. S. 29

Karma — wörtl. Handlung; die Gesetzmäßigkeit von Aktion und Reaktion; nach den Jainas die sichtbar gewordene Wirkung von feinen Stoffen, die durch Betätigung in die Seele eingeströmt und dort gebunden worden sind. S. 28, 33, 39f, 135f, 138ff, 143f, 160

Koti — die Zahl 10 Millionen. S. 29f, 82, 121

Krishna — innerhalb der hinduistischen Tradition die 8. Inkarnation des Vishnu in dieser Weltperiode; in der von Caitanya Mahaprabhu (1486 bis 1534) ins Leben gerufenen Bewegung ist Krishna die höchste Gottespersönlichkeit. S. 10, 31f, 115

Mahayana — wörtl. Großes Fahrzeug, eine der buddhistischen Hauptrichtungen etwa ab dem 1. Jahrhundert v. Chr.; in Form des M. gelangte der Buddhismus nach China, Japan, Korea und Vietnam. S. 19, 93, 134f, 160

Mahayuga — nach der hinduistischen Chronografie eine vollständige Weltperiode; setzt sich aus vier Epochen zusammen: Kritayuga, Tretayuga, Dvaparayuga und Kaliyuga. S. 29

Mandala — wörtl. Kreis; im tantrischen Buddhismus symbolische Darstellung der Welt oder symbolische Darstellung der Umgebung einer Meditationsgottheit; dient als Meditationshilfe. S. 107, 151

Mangalas — die Glückssymbole. S. 145ff

Mantra — heilige Silben oder Worte. S. 20, 144f

Manushyaloka — die Menschenwelt. S. 130ff

Matsya-yugma — Fischpaar; ein Glückssymbol. S. 146f

Maya — in der hinduistischen Tradition die illusionierende Energie, die vom höchsten Prinzip (ob in seinem unpersönlichen Aspekt oder personifiziert als Gottheit) ausgeht. S. 10

Meru — nach alt-indischer Kosmografie der zentrale Weltberg. S. 131ff, 149f, 151ff

Moksha — die Befreiung aus dem Daseinskreislauf. S. 96, 136

Nandyavarta — ein dem Svastika (vgl.) verwandtes Glückssymbol. S. 146f

Nayavada — in der jainistischen Philosophie die sieben Standpunkte, von denen aus eine Realität betrachtet werden kann. S. 136ff

Nirjara — Tilgung von Karma. S. 136

Nirvana — Ende des zwangsweise zustandekommenden Geburtenkreislaufs. S. 7, 28, 31ff, 37, 41f, 69f, 72, 75, 83ff, 88, 116, 136, 156

Parvati — Gemahlin des Shiva. S. 118

Patala — in der jainistischen Geografie unterseeische Höhlen, die in den Kardinalrichtungen angeordnet sind und durch die die Gezeiten zustandekommen. S. 133

Pramada — Unachtsamkeit, Fahrlässigkeit. S. 160

Puja — Zeremonie. S. 53, 81f, 100, 108ff

Pudgala — in der jainistischen Metaphysik der Stoff. S. 135

Raja — König, Herrscher. S. 37

Rajju — Entfernungsmaß in der Kosmografie des Jainismus; Angaben schwanken zwischen 100.000 und 100.000.000 Lichtjahre. S. 133

Rishi — Sänger, Heiliger. S. 112

Sadhu — der Asket. S. 148

Samlekhana — Freitod durch Fasten. S. 44, 68

Samsara — der durch die Unwissenheit der eigentlichen Natur aller Erscheinungen zustandekommende Geburtenkreislauf; Gegensatz zu Nirvana (vgl.). S. 93

Samvara — Abwehr. S. 136

Sangha — Gemeinde, die den Jainismus oder Buddhismus praktiziert. S. 40f, 56, 90, 156

Shakya — Geschlecht und Heimatland des Buddha südlich der heutigen Stadt Bairavan in Nepal; die meisten Angehörigen des Shakya-Clans leben heute im Tal von Kathmandu. S. 92

Shikhara — wörtl. Gipfel, Berg, Turmspitze; Tempelstil Indiens. S. 16, 52

Shiva — eine der 3 Hauptgottheiten des Hinduismus; mehrere Funktionen, z. B. als vollendeter Yogi, als Herr des Tanzes oder als Zerstörer des Universums. S. 21, 43, 46, 112ff

Shivaismus — Kult des Shiva. S. 10, 44, 46

Shrivatsa — Glückssymbol; Haarwirbel auf der Brust Vishnus oder auf der Brust eines Tirthamkara; im tibetischen Buddhismus der Endlosknoten. S. 146f

Shunyata — die metaphysische Leerheit in der buddhistischen Philosophie; besagt, daß alle Erscheinungen nicht inhärent existieren. S. 134

Shvetambaras — die „Weißgekleideten"; eine der Konfessionen des Jainismus. S. 36ff, 42f, 49, 57f, 72, 83, 87, 100f, 156, 159

Siddha — der Heilige. S. 148

Siddha-cakra — das heilige Rad; vgl. Cakra. S. 28, 148

Sthanakavasis — Gemeinschaft der Shvetambaras (vgl.), die den Bilderkult ablehnt. S. 100f

Stupa — buddhistischer Kultbau zur Aufbewahrung von Reliquien oder als Zentrum der Verehrung Buddhas; früher auch bei den Jainas alt Kultsymbol gebräuchlich. S. 18, 107, 119f

Svastika — das Hakenkreuz; Glückssymbol; versinnbildlicht im Jainismus auch die vier Bereiche der Wandelwelt: Höllenwesen, Tiere, Menschen, Götter. S. 23, 108, 127, 146f

Terapanthis — Gemeinschaft der Digambaras (vgl.), die sich streng an die Regeln des originären Jainismus hält. S. 53, 142

Upadhyaya — der Lehrer. S. 148

Upanishaden — philosophische Literatursammlung des Alten Indien etwa ab 800 v. Chr.; Hauptthema ist die Einheitsschau von Atman-Brahma, während die empirische Vielheit als Blendwerk (Maya, vgl.) angesehen wird. S. 33

Upashraya — Gemeindehaus der Jainas. S. 34f, 53, 144, 155

Vajra — ursprünglich Waffe und Attribut des Indra (vgl.); Kultgerät im tantrischen Buddhismus; im Jainismus Attribut von Weisheitsgöttinnen. S. 161

Vardhamana — bürgerliche Name des Mahavira; Puderdose, eines der Glückssymbole. S. 7, 37f, 146f

Veden — auch Veda; Literatursammlung des Alten Indien; älteste Abteilung bildet das Rigveda, ca. 1200 v. Chr. S. 7, 40, 60

Vimana — beweglicher Götterpalast in den Himmelssphären, in welchem göttliche Wesen herrliche Musik machen; besteht aus Edelsteinen. S. 148

Vishnu — einer der drei hinduistischen Hauptgötter. S. 66, 146

Yaksha — Baumgottheit; im Jainismus Begleitfigur eines Tirthamkara. S. 21, 52, 69

Yakshini — weibliche Baumgottheit; im Jainismus Begleitfigur eines Tirthamkara. S. 21, 52, 70

Yojana — alt-indisches Längenmaß; Angaben schwanken zwischen 6,6 Meilen, 2 geografischen Meilen und 4 oder 18 km. S. 132f, 149, 153

Literaturverzeichnis

Jain, Prof. L. C. — The Tao of Jain Sciences. Delhi 1992. *Umfassende Darstellung von Metaphysik und Kosmografie des Jainismus.*
Padmarajiah, Y. J. — Jaina Theories of Reality and Knowledge. Delhi 1986. *Die Philosophie des Jainismus.*
Glasenapp, Helmuth von — Die Lehre vom Karman in der Philosophie der Jainas nach den Karmagranthas dargestellt. Leipzig 1915.
Glasenapp, H. v. — Der Jainismus. Eine indische Erlösungsreligion. Berlin 1925. Neuauflage Hildesheim, Zürich, New York 1984. *Eingehende Darstellung des Jainismus.*
Glasenapp, H. v. — Heilige Stätten Indiens. Die Wallfahrtsorte der Hindus, Jainas und Buddhisten, ihre Legenden und ihr Kultus. München 1928.
Glasenapp, H. v. — Die Literaturen Indiens. Potsdam 1929. *Im II. Teil: Die heiligen Schriften der Jainas.*
Kirfel, Willibald — Symbolik des Hinduismus und des Jainismus. Stuttgart 1959. Sowie der Tafelband zu diesem Werk von Moeller, Volker. Stuttgart 1974.
Kirfel, W. — Die Kosmographie der Inder nach den Quellen dargestellt. Bonn und Leipzig 1920. Neuauflage Hildesheim, Zürich, New York 1990. *Enthält eine umfassende Darstellung der Kosmografie des Jainismus.*
Kirfel, W. — Die Religion der Jainas. Leipzig 1928.
Jain, Champat Rai — What is Jainism? Arrah 1919.
Jain, Ch. R. — The key of knowledge. Arrah 1919.
Jain, Dr. Jyoti Prasad — Jainism, the oldest living religion. Published by Pr. Research Institute, Varanasi, 2nd Edition 1988. *Mit zahlreichen Zitaten von indischen Gelehrten.*
Mahavira Jayanti. Printed by Jayna Printers & Stationers, Jaipur. *Das Jaina-Magazin. Erscheint seit 1953. Enthält auch jeweils einen Teil in englischer Sprache.*
Pandit Bhuramalji Shastri (Digambracharya Shri Gyansagarji Maharaj) — Manava-Dharma (Humanity — a Religion). Translated (English) by Nihal Chandra Jain. Retired Principal, Ajmer (Rajasthan) 1995. *Ethik des Jainismus. Jeder Vers zunächst in Sanskrit, dann übersetzt ins Englische und kommentiert.*
Leumann, Prof. Dr. Ernst — Buddha und Mahavira, die beiden indischen Religionsstifter. München-Neubiberg 1921.
Leumann, Prof. Dr. E. — Die Nonne. Ein neuer Roman aus dem alten Indien. München-Neubiberg 1922.
Bohn, W. — Die Religion der Jaina und ihr Verhältnis zum Buddhismus. München 1921.
Bühler, Georg — Über das Leben des Jainamönchs Hemachandra, des Schülers des Devachandra aus der Vajrashakha. Wien 1889.
Bühler, G. — Über die indische Sekte der Jaina. Wien 1887.
Bühler, G. — On the Indian Sect of the Jainas. Translated from the German. London 1903.
Jhaveri, H. L. — The First Principles of Jain Philosophy. London 1910.
Stevenson, Sinclair — Notes on Modern Jainism. Oxford 1910.

Stevenson, S. — The Heart of Jainism. With an introduction by G. P. Taylor. London 1915.
Gandhi, Virchand R. — The Yoga Philosophy. Bombay 1912.
Gandhi, V. R. — The Karma Philosophy. Bombay 1913.
The Sayings of Swami Kundakundacharya. Translated in Hindi & English by Dr. Kamta Prasad Jain. Published by: The World Jain Mission Aliganj, (Etah) U. P. *Ohne Erscheinungsjahr.*
Bhagwan Mahaveer and his Philosophy. Ahinsa, Yoga, Magnetism and other forces relating.
The Story of Karakandu Muni Kunjar Acharya Adisagar (Ankalikar). Jayapur 1995.
Plaeschke, Herbert u. Ingeborg — Indische Felsentempel und Höhlenklöster, Ajanta und Elura. Wien, Köln, Graz 1983.
Plaeschke, H. u. I. — Frühe indische Plastik. Leipzig 1988.
Mode, Heinz — Mathura. Metropole altindischer Steinskulptur. Leipzig, Weimar 1986.
Mehlig, Johannes (Hrsg.) — Weisheit des alten Indien. Bd. 1 u. 2. Leipzig, Weimar 1987. *Bd. 1 vorbuddhistische Texte und nichtbuddhistische Texte. Bd. 2 buddhistische Texte.*
Mylius, Klaus (Hrsg.) — Die Vier Edlen Wahrheiten. Leipzig 1983.
Ikeda, Daisaku — Buddhismus. Das erste Jahrtausend. Bindlach 1990. *Enthält umfangreiche Ausführungen über Kaiser Ashoka.*
Conze, Edward — Der Buddhismus. 8. Aufl. Stuttgart, Berlin, Köln, Mainz 1986. *An verschiedenen Stellen werden auch die Jainas genannt.*
Schumann, Hans Wolfgang — Auf den Spuren des Buddha Gotama. Eine Pilgerfahrt zu den historischen Stätten. Olten 1992. *Enthält jeweils ein Kap. über die Orte Bodhgaya und Rajagaha.*
Govinda, Lama Anagarika — Einsichten eines Pilgers im Himalaya. Münster 1993. *Enthält im 2. Kap. eine kurze Gegenüberstellung von Buddhismus und Jainismus.*

Sowie Broschüren (ohne Erscheinungsort und -jahr), die zum Gebrauch innerhalb der Jaina-Gemeinde bestimmt sind:
* in englischer Sprache von:
Shri Jain Math
Shravana Belgola — 573.135
India
(Digambara-Tradition)
* in der Sprache Gujarati mit jeweils einem Teil in englischer Sprache von:
Shree Jamboodeep Science
Research Centre
Palitana — 364.270
India
(Shvetambara-Tradition)

Danksagung

Mein Dank gilt jenen Mitgliedern der Jaina-Gemeinde, die mir in mannigfacher Weise Informationen über ihren Glauben zukommen ließen. Ganz besonders danke ich Herrn Naveen Kumar Jain und seinem Vater, Herrn Gyan Chand Jain, aus Jaipur, Herrn Jayendra R. Shah aus Palitana und Herrn Deep Chand Jain, der zur Zeit auf dem heiligen Berg Sametashikhara lebt. Weiterhin danke ich Frau Dr. Cornelia Weishaar-Günter aus Eltville für die Durchsicht des Manuskripts, Herrn Burkhard Steiner aus Sonneberg für seine Fotografien und Frau Eva-Maria Raff aus München für ihre Zeichnungen.

Franz Bätz, im Juli 1997